숫자도 모르던 뉴메릭의 수학 정복기

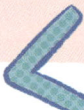

차례

1. 가장 자연스러운 자연수 ● 6

2. 아무것도 없는 0과 없는 것보다 작은 음수 ● 30

3. 당근을 나눠 줄 때 꼭 알아야 할 분수 ● 56

4. 아무리 써 내려가도 끝나지 않는 무리수 ● 74

5. 숫자에 정보 담기 • 90

6. 숫자별 이야기 • 112

부록. 재미있는 문제 • 128

작가의 말 • 140

1
가장 자연스러운 자연수

내 이름은 뉴메릭이라고 해. 조그만 목장에서 양을 돌보는 목동이야. 물론 처음부터 목동은 아니었어. 원래는 아랫마을 쌀 창고에서 쥐를 쫓아내는 경비원이었는데, 목장 주인인 케어램 씨가 몸이 아파서 자기 대신 목장을 관리해 줄 일꾼을 구한다길래 내가 하겠다고 나섰지. 나는 고양이지만 쥐 잡는 데는 별 취미가 없었거든.

목장이래 봐야 양은 몇 마리 안 돼. 그래서 나는 양들의 얼굴을 외우고 일일이 이름을 붙여 줬어. 일용이, 이쁜이, 삼식이, 사랑이, 오돌이 등등. 전부 몇 마리인지는 나도 몰랐어. 수를 헤아릴 필요가 없다고 생각했거든. 양들을 초원에 풀어놓고 한동안 풀을 뜯어 먹게 한 뒤, 한자리에 모아 놓고 출석을 부르면 그만이었으니까. 다행히 양들은 도중에 달아나거나 없어지지 않고 내 말을 아주 잘 들었어.

그런데 어느 날부턴가 양들의 배가 불러 오더니 새끼를 낳기 시작하더라고. 나는 그런 일을 겪어 본 적이 없어서 무척 당황했지. 다행히도 도시에 나가 살던 케어램 씨의 외동딸 파미나 아가씨가 때마침 목장으로 돌아와서 새끼들을 받아 줬어. 아가씨는 일도 잘하지만 마음씨도 착하고 엄청나게 예뻐. 우리는 며칠 밤을 함께 새워 가며 귀여운 새끼 양들을 받아 내고 새 이름도 지어 줬어. 다리가 유난히 짧은 녀석은 단족이, 눈이 큰 녀석은 왕눈이, 먹성 좋은 녀석은 대식이…… 이런 식으로 말이야. 그러다 문득 이런 생각이 들더라고. 이 많은 이름을 내가 다 외울 수 있을까?

걱정했던 일은 곧 현실로 나타났어. 역시 내 기억력으로는 양들의 이름을 외우기가 벅찼던 거야. 게다가 출석을 부를 때는 혹시 빼먹고 안 부른 이름이 있을까 봐 영 찜찜하더라고. 하지만 가장 불편한 건 양들이 풀을 뜯는 모습을 멀리서 바라볼 때였어. 모두 무사히 잘 있는지 확인을 할 수가 없었거든. 얼굴이 보여야 누가 누구인지 확인을 할 거 아냐. 이럴 때 양들의 '수'를 헤아리면 어떨까 하는 생각을 처음으로 떠올려 봤어. 전체 숫자만 맞으면 삼식이가 도망가지 않았는지, 단족이가 엄마를 잃어버리지 않았는지 일일이 확인할 필요가 없잖아! 그래서 나는 그날 밤을 꼴딱 새워 가며 숫자 세는 방법을 연구했어. 한번 볼래?

/, //, ///, ////, /////, //////, ///////, ////////, ……

내 아이디어가 어때? 참 기발하지? 하나씩 커질 때마다 작대기를 하나씩 더 그려 넣는 거야. 읽을 때는 어떻게 하냐고? 그냥 '양, 양양, 양양양, 양양양양…….'이라고 하면 되겠지 뭐. 어떻게 읽든 무슨 상관이겠어?

다음 날 아침, 나는 양들을 모아 놓고 출석을 부르는 대신 내가 개발한 방법으로 마릿수를 세어 봤어.

"양들아, 잘 잤니? 어디, 다 모였나 세어 볼까? 양, 양양, 양양양, ……, 양양양양양양양……."

열 마리도 부르기 전에 혀가 아파서 그만뒀어. 문제점이 금방 드러난 거야. 이런 식으로 양을 세다간 하루가 다 가겠더라고. 차라리 이전처럼 이름을 외워서 부르는 게 나을 지경이었지.

그때 나는 절실하게 깨달았어. 수가 아무리 커도 그것을 쓰거나 읽을 때는 될 수 있으면 간단해야 한다는 거야. 그런데 그게 보통 어려운 일이 아니더라고. 숫자가 커지면 쓰기도 길어지고 이름도 길어지는 게 당연하잖아. 이것 때문에 한참 고민에 빠져 있는데, 멀리서 파미나 아가씨의 목소리가 들려왔어.

"얘, 뉴메릭, 지금 뭐 하는 거니? 양들이 배고프다며 난리가 났잖아."

"지금 숫자 쓰는 법을 연구하고 있어요. 이것만 완성되면 양들을 돌보기가 훨씬 쉬워진다고요. 거의 다 됐으니까 조금만 기다려 주세요."

아가씨는 어이없다는 듯 깔깔 웃으며 말했어.

"너도 참, 지금까지 숫자를 몰랐단 말이야?"

파미나 아가씨는 나를 물끄러미 바라보다가 들고 있던 빗자루로 바닥에 무언가를 써 내려가기 시작했어.

"이게 다 숫자란다. 아무거나 마음에 드는 거 하나를 골라서 쓰면 되지만, 요즘은 대부분 아라비아 숫자를 쓰지. 그게 제일 편리하거든."

"우아, 대단하네요. 아가씨는 이런 걸 어떻게 알았어요?"

"당연히 학교에서 배웠지. 넌 학교도 안 다녔니?"

파미나 아가씨는 한심하다는 표정으로 나를 쳐다봤어. 에잇, 태어난 지 한 달 되던 날부터 줄곧 쥐만 쫓아다녔는데, 학교 다닐 시간이 어디 있었겠냐고.

"모든 숫자는 비밀 이야기를 간직하고 있단다. 앞으로 하나씩 찾아보면 재미있을 거야."

"그래요? 아가씨는 그 비밀을 다 알고 있나요?"

"아니, 나도 조금씩 알아 가는 중이야. 평생을 찾아도 다 알지 못할걸?"

아가씨가 그려 준 그림들은 아무리 들여다봐도 낯설었어. 일단은 아가씨 말대로 1, 2, 3, 4, ……를 쓰기로 하고, 읽는 법을 익혔지. 일, 이, 삼, 사, ……. 역시 작대기를 긋는 것보다 엄청 편하긴 편하네. 그런데 숫자를 알고 나니 우리 양들은

전부 몇 마리일지 궁금한 거야. 전에는 이런 생각을 떠올린 적이 한 번도 없었는데, 숫자를 알게 되니까 갑자기 궁금한 게 많아지더라고. 나는 당장 밖으로 나와서 세어 봤어. 일, 이, 삼, 사, ……, 팔, 구……. 가만, 구 다음엔 뭐지? 아가씨는 '구(9)'까지밖에 안 가르쳐 줬는데…….

파미나 숫자 노트 1

일, 이, 삼, 사, …… 는 한자로 쓴 숫자를 읽은 거고, **순우리말로는 하나, 둘, 셋, 넷, ……** 으로 세기도 합니다. 물론 같은 뜻이지만 일상생활 속에서는 좀 복잡하게 섞여 있지요. 예를 들어 시계를 읽을 때 7시 15분은 '일곱 시 십오 분'이라고 읽지만, '칠 시 열다섯 분'이라고 읽지는 않습니다. 사람 수를 셀 때도 우리는 '서른두 명'이라고 하는데, 군인 아저씨들은 '삼십이 명'이라고 합니다. 여기에는 명확한 규칙이 없기 때문에 오래된 전통을 따르는 게 상책이지요. 그런 전통이 왜 생겼는지는 어른들도 잘 모른답니다.

아가씨, '팔 시 스물다섯 분'이에요!

'여덟 시 이십오 분'이라고 말해야 한단다.

파미나 숫자 노트 ❷

1, 2, 3, 4, 5와 같은 수를 '**자연수**'라고 합니다. 옛날 사람들이 가장 '자연스럽게' 떠올린 수였기 때문에 그런 이름이 붙었지요.

자연수 중에서 가장 작은 수는 1인데, 가장 큰 수는 뭘까요? 십억? 천억? 천조?

아무리 큰 수를 대도 거기에 0 하나만 붙이면 가뿐하게 10배로 커지기 때문에, '가장 큰 자연수'라는 건 없지. 위로 한계가 없는 거란다.

이런 자연수들을 모두 모아 놓은 {1, 2, 3, ……}을 '**자연수의 집합**'이라 하고 1, 2, 3, ……은 각각 그 집합의 '**원소**'라고 합니다. 그러면 자연수의 집합에 속해 있는 원소는 모두 몇 개일까요? 셀 수 없을 정도로 많으니까 당연히 '**무한개**'이지요!

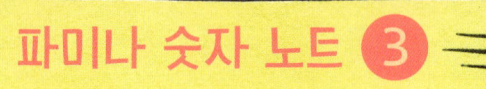

파미나 숫자 노트 ❸

우리가 사용하는 1, 2, 3 같은 숫자는 인도 사람들이 처음 쓰기 시작하다가 아라비아(지금의 중동)에 전해지면서 지금과 같은 모양으로 정착되었습니다. 그래서 **'아라비아 숫자'**라고 부르지요.

옛날에는 이것 말고 다른 표기법도 많이 있었습니다. 예를 들어 로마 사람들은 1, 2, 3, 4, 5, ……를 I, II, III, IV, V, ……로 표기했는데 여러분도 벽시계에서 본 적이 있을 겁니다.

XVII+XXIV=XLI
무슨 뜻이에요?

17+24=41이라는 뜻이야.
아라비아 사람들에게
고맙게 느껴지지 않니?

파미나 숫자 노트 ④

모든 숫자를 다른 모양으로 쓴다면 1부터 100까지만 해도 100가지 모양의 숫자가 있어야겠지요? 예를 들어 1, 2, 3, 4, 5, 6, 7, 8, 9, ♤, ◇, ♡, ♧, ♂, ♀, ……라고 쓴다고 생각해 보세요(여기서 ♤는 10이고, ◇는 11, ♡는 12, ……, ♀는 15입니다). 이런 식이라면 평생을 살아도 숫자 쓰는 법을 다 외우지 못할 겁니다. 옛날 사람들도 숫자를 셀 때 손가락을 사용했을 텐데, 예나 지금이나 사람의 손가락은 10개이기 때문에 '**십진법**'이라는 표기법이 자연스럽게 생겨났습니다. 덕분에 우리는 ♤, ◇, ♡, ♧, ♂, ♀, ……를 10, 11, 12, 13, 14, 15, ……로 쓸 수 있게 되었답니다. 0부터 9까지만 알고 있으면 숫자가 아무리 커도 글자로 쓰는 데 아무런 문제가 없습니다. 정말 기발한 아이디어지요?

저도 처음에 /, //, ///, ////, ///// 이렇게 세니까 너무 힘들었어요!

십진법을 배우고 나니, 수 세기가 참 쉬워졌지?

그날부터 나는 틈날 때마다 파미나 아가씨를 찾아가서 큰 수를 쓰고 읽는 법을 배웠어. 십진법이라는 기발한 표기법도 알게 되었지. 옛날 사람들은 야만적이고 무식하다고 생각했는데, 웬걸? 몇천 년 전에 태어난 사람들이 나보다 훨씬 똑똑했더라고. 내가 갑자기 공부를 열심히 하게 된 건 숫자가 신기하고 재미있기 때문이기도 했지만, 솔직히 말하면 자존심을 세우기 위해서였어. 파미나 아가씨 앞에서 '숫자도 모르는 멍청한 모습'을 보이기 싫었거든. 나같이 무식한 목동이 아가씨와 친해지려면 일단 숫자하고 친해져야 할 것 같았어.

십진법을 익힌 후에 양들을 세어 보니 전부 32마리더라고. 저렇게 많은 양의 이름을 일일이 외우려고 했다니, 나도 참 어리석었지. 나는 1부터 32까지 새겨진 숫자 목걸이를 만들어서 나이가 많은 순으로 양들에게 하나씩 걸어 줬어. 이제 양들은 이름 대신 번호를 갖게 된 거야. 일용이는 1번, 이쁜이는 2번, 삼식이는 3번, 왕눈이는 27번……. 부르기도 쉽고, 세기도 쉽고, 정말 편하더라고.

한참 숫자에 빠져 살던 어느 날, 우리 청소를 마치고 밀린 빨래를 하고 있는데 창고에서 파미나 아가씨의 목소리가 들려왔어.

"뉴메릭, 이리 와서 나 좀 도와줄래?"

창고로 달려가 보니 아가씨가 사과 상자를 옮기고 있었어. 양들이 좋아하는 먹이여서 창고 지하실에 쌓아 놓았는데, 보관을 잘못해서 그런지 간간이 상한 게 있더라고.

"요즘 날씨가 습해서 그런가 봐. 아유, 아까워라."

"작년에도 이런 일이 있었어요. 제가 정리할 테니 아가씨는 쉬세요. 어제도 아픈 양들 돌보느라 늦게 주무셨잖아요."

"그래, 고마워. 정리가 끝나면 상한 사과는 바구니에 담아서 부엌으로 갖다 줄래?"

나는 겹겹이 쌓여 있는 사과 상자를 일일이 열어서 상한 걸

골라냈어. 상자마다 상한 게 몇 개씩 있어서 다 골라내고 나니 바구니가 가득 차더라고. 나는 또 숫자 본능이 발동해서 바구니에 담은 사과를 세기 시작했지. 하나, 둘, 셋, ……, 스물일곱, 스물여덟, 스물아홉! 그래, 상한 사과는 전부 29개였어. 이제 이 정도 세는 건 아무 일도 아니야. 이 동네에 나만큼 숫자를 잘 세는 목동이 또 있을까? 숫자라는 거 말이야, 한번 알고 나니까 은근히 중독성이 있더라고.

"파미나 아가씨, 상한 사과 가져왔어요. 제가 세어 봤는데, 전부 29개예요!"

"그래, 수고 많았어. 그걸로 맛있는 사과주스 만들어 줄게. 그런데 남은 사과는 잘 보관했니?"

"네, 서늘한 곳에 차곡차곡 쌓아 놓았어요. 당분간은 괜찮을 거예요."

"몇 개나 남았니? 주말까지 버틸 수 있을까?"

"저, 그게요……. 저는 상한 사과만 세고 멀쩡한 사과는 세어 보지 않았네요."

파미나 아가씨는 씩 웃더니 친절하게 설명해 주었어.

"맨 처음 사과 한 상자에 사과가 30개씩 들어 있었지?"

"네, 지난번에 아가씨가 저한테 한 상자에 30개씩 담으라고 하셨잖아요. 상자는 모두 9개였고요. 하지만 지금은 사정

이 달라졌어요. 어떤 상자에서는 상한 사과 1개를 빼고, 또 어떤 상자에서는 3개를 빼고……. 이젠 상자마다 몇 개가 들어 있는지 알 길이 없다고요. 다시 상자를 열어서 세어 볼까요?"

"그럴 필요 없어. 지금 네가 가져온 상한 사과는 29개잖아."

"그게 남은 사과랑 무슨 상관이……, 어?"

"그래, 지금 나는 각각의 상자에 사과가 몇 개씩 들어 있는지 물어본 게 아니잖아. 처음에 사과가 모두 몇 개였는지 알고 있고, 거기서 몇 개를 뺐는지도 알고 있으니까, 굳이 세어 보지 않아도 몇 개가 남아 있는지 알 수 있는 거야. 이런 걸 '계산'이라고 한단다."

아가씨의 설명은 정말 충격적이었어. 그동안 나는 숫자를 '무언가를 헤아리는 수단'으로만 생각했는데, 그건 숫자가 가지고 있는 능력 중 극히 일부였던 거야. 아가씨 말대로 '계산'이라는 것을 하면 사과가 수천 개, 아니, 수천만 개여도 남은 개수를 간단하게 알 수 있겠더라고.

"이제 알 것 같아요. 처음에 있던 개수에서 제가 꺼낸 수를 빼면 남은 개수가 되겠네요."

"바로 그거야. 알고 보면 참 쉽지?"

"저…… 그런데요, 처음에 사과가 몇 개였는지는 어떻게 알 수 있나요? 그때 저는 30개씩 맞춰서 담기만 했지, 전부 몇 개인지는 세어 보지 않았거든요."

"그럴 땐 '곱셈'이라는 계산을 하면 돼. 30개짜리 묶음이 9개 있으면 전체 개수는 30×9가 되는 거지. 곱하는 방법은 나중에 가르쳐 줄게. 아무튼 $30 \times 9 = 270$이고, 네가 가져온 사과는 29개니까 남은 사과는 $270 - 29 = 241$개일 거야."

"와~ 무슨 마법 같아요. 제가 상한 사과를 골라낼 때 아가씨는 거기 있지도 않았는데, 제가 가져온 사과만 보고 몇 개가 남았는지 금방 알아내셨네요."

"그뿐만이 아니야. 내가 사과를 사러 언제 시장에 가야 하는지도 알 수 있단다."

"당분간은 괜찮지 않을까요? 사과가 저렇게 많은데……."

"하지만 양이 32마리나 되잖니. 그 애들이 사과를 하루에 한 개씩 먹으면 며칠이나 먹을 수 있을까?"

"잠깐만요, 알 것 같아요. 하루가 지나면 241－32=209개가 남고, 이틀 뒤에는 209－32=177개가 남고, 사흘 뒤에는 177－32=145개, 또……."

"호호, 그럴 줄 알았어. 그것도 좋은 방법이긴 한데, 이럴 때 '나눗셈'이라는 계산을 하면 훨씬 빠르게 답을 알 수 있단다."

"별의별 계산이 다 있군요. 그 외에 다른 계산이 또 있나요?"

"아니, 그게 다야. 덧셈, 뺄셈, 곱셈, 나눗셈, 이 네 가지를 사칙연산이라고 해. 너 요즘 숫자에 관심이 많구나. 이왕 시작한 김에 계산 공부도 해 볼래? 필요한 책은 내가 빌려줄게."

나는 파미나 아가씨가 준 책을 한 아름 안고 내 방으로 돌아와 잠시 생각에 잠겼어. 생전 처음 알게 된 숫자가 정말 재미있긴 한데, 어려운 곱셈과 나눗셈까지 알아야 할까? 나 같

은 목동은 양들 마릿수만 셀 줄 알면 될 것 같은데……. 그리고 아까 아가씨가 알아낸 사과 개수, 그거 정말 맞는 건가? 숫자를 알기 전에는 사과를 직접 보면서 일일이 헤아렸기 때문에 의심하지 않았지만, 사과를 눈으로 보지도 않고 숫자만으로 알아낸 답이 정말 맞는지 자신이 없더라고. 또 나눗셈이라는 거, 뭔진 모르지만 무지 어려울 것 같았어. 한 달 전까지만 해도 양들한테 사과를 나눠 줄 때 그런 복잡한 계산을 하지 않아도 아무런 문제가 없었는데, 아가씨 이야기를 듣고 난 뒤로 갑자기 만사가 복잡해졌네. 목동이 하는 일이 원래 이렇게 복잡한 거였나?

그날 해가 진 후, 나는 아가씨 몰래 살금살금 창고로 갔어. 사과를 직접 세 보지 않고는 잠을 잘 수가 없었거든.

"하나, 둘, 셋, 넷, 다섯, ……, 마흔여섯, 마흔일곱, …… 백여든하나, 백여든둘, ……. 애고, 힘들다. 이백서른아홉, 이백마흔, 우아~ 이백마흔하나!"

사과의 개수는 거짓말처럼 파미나 아가씨의 계산과 정확하게 맞아떨어졌어. 그 계산이라는 거, 정말 장난 아니네. 내가 거의 30분 걸려서 한 일을 아가씨는 곱셈과 뺄셈을 써서 단 몇 초 만에 해냈잖아. 아가씨가 준 책에는 이런 마술 같은 수의 비밀이 잔뜩 들어 있겠지. 어려울수록 위력도 대단할 거야. 하지만 할 일도 많은데 어려운 계산 때문에 고생하는 건 괜한 시간 낭비일 것 같더라고. 그래서 나는 흩어진 사과를 주워 담은 후, 종이에 메모를 써서 창고 벽에 붙여 놓았어.

'사과는 한 상자당 꼭 32개씩 담을 것! 안 그러면 머리가 고생함.'

2
아무것도 없는 0과 없는 것보다 작은 음수

 일과를 끝내고 잠자리에 들면 아가씨의 예쁜 모습을 떠올리는 게 큰 낙이었어. 그런데 내 직업이 양치기라서 그런지, 눈만 감으면 양들이 떼로 나타나서 아가씨를 에워싸더라고. 게다가 양들이 목에 걸고 있는 숫자들까지 어지럽게 날아다니면서 나의 상상을 방해하는 거야. 마음속으로 "저리 가!"라고 아무리 외쳐도 말을 듣지 않았어. 그때 문득 좋은 아이디어가 떠올랐지. 우글거리는 양들을 32마리에서 시작해 거꾸로 한 마리씩 지워 나가면 어떨까?
 서른둘, 서른하나, 서른, 스물아홉……. 애고, 거꾸로 세는 게 훨씬 어렵네. 열하나, 열, 아홉…… 오호~ 제법 효과가 있

는데? 양들이 생각보다 말을 잘 듣잖아? 넷, 셋, 둘, 하나, 하나, 하나…….

 바로 여기서 문제가 생겼어. 내가 아는 숫자 중에 가장 작은 건 1이었기 때문에, 마지막 남은 한 마리를 없앨 방법이 없더라고. 한 마리에서 한 마리가 줄어들면 양들이 모두 사라지는데, 이걸 몇 마리라고 해야 하나? 텅 빈 마리? 없는 마리? 상상 속의 파미나 아가씨는 마지막 남은 1번 양 일용이를 품에 안고 쓰다듬기만 할 뿐, 나한테는 눈길조차 주지 않았어. 이것 때문에 며칠 동안 잠도 제대로 못 자고, 나 이러다가 숫자 폐인 되는 거 아닐까?

 그러던 어느 날, 우물가에서 물통에 물을 채우고 있는데 파미나 아가씨가 다가와 물었어.

 "뉴메릭, 얼굴이 왜 그렇게 수척해졌니? 어디 아파?"

 "아뇨, 지난 사흘 동안 잠을 좀 못 자서……. 근데 하나만 물어봐도 될까요?"

 아가씨가 환하게 웃으며 말했어.

 "그것 봐. 숫자하고 친해지니까 말 속에 숫자가 자연스럽게 섞이잖아. 하나가 아니라 두 개 물어봐도 돼."

 정말 그러네. 사흘, 하나, 두 개. 이것도 다 숫자더라고.

"저…… 제가 요즘 숫자를 거꾸로 세고 있는데요."

"어머! 며칠 사이에 그런 수준까지 간 거야? 너 정말 똑똑하구나!"

아가씨의 칭찬을 들으니 모든 피로가 싹 가시는 것 같았어. 하지만 상상 속에서나마 아가씨와 함께 있으려면 어떻게든 그 하나 남은 1번 양을 우리로 돌려보내야 했다고.

"3, 2, 1, 그다음엔 뭐라고 세야 하나요? 지금 저한테는 '아무것도 없는 경우'를 뜻하는 숫자가 꼭 필요하거든요."

"그렇게 얘기하니까 꼭 수학자 같다, 얘. 그런 생각을 혼자 떠올렸단 말이야?"

파미나 아가씨는 두 눈을 동그랗게 뜬 채 나를 바라봤고, 나는 속마음을 들킨 것 같아 가슴이 방망이질을 쳤어. 그런데 아가씨가 덥석 내 손을 잡고 창고로 끌고 가더니 빗자루로 바닥에 웬 동그라미 하나를 그려 넣더라고.

"이게 뭐예요? 그냥 동그라미잖아요."

"동그라미가 맞긴 맞는데, '영'이라고 읽으면 아주 특별한 숫자가 된단다. 아무것도 없다는 뜻이야."

나는 너무 신기해서 동그라미, 아니, 영을 뚫어지게 바라봤어. 양은 한 마리도 없는데 그것을 표현하는 숫자는 있다니, 이거야말로 내가 원하던 거잖아! 내가 생각했던 '텅 빈 마리'

는 바로 '0마리'였던 거야.

이제 머릿속에서 성가신 양들을 모두 우리로 돌려보내고 파미나 아가씨랑 단둘이 있을 수 있겠군. 혹시 이게 아가씨가 말했던 수의 첫 번째 비밀이 아닐까?

"이게 끝이 아니란다. 0보다 작은 수도 있어."

"네? 아무것도 없는 것보다 더 작은 게 있다고요? 에이, 설마……."

파미나 아가씨는 내가 알고 있는 숫자 앞에 '-'라는 이상한 표시가 붙은 수들을 계속 써 나갔어.

$$-4, -3, -2, -1, 0, 1, 2, \ldots .$$

"이건 음수라는 거야. 양을 셀 때는 필요 없지만, 마을에 가서 물건을 외상으로 살 때 아주 유용하단다. 자연수처럼 왼쪽으로 갈수록 하나씩 작아지지. 이해가 가니?"

나는 물건을 외상으로 사 본 적이 없기 때문에 음수가 아주 낯설게 느껴졌어. 지금 나한테는 0만 있으면 충분했거든. 하지만 파미나 아가씨가 알려 준 거니까, 음수도 소중하게 간직해야겠다고 생각했어.

"참, 뉴메릭, 오늘은 양들이 특식을 먹는 날이야. 과일도 같

이 주면 좋겠는데, 지하실에 가서 사과 좀 갖고 올래?"

"며칠 전에 241개 남았다가 지금은 145개 남은 그 사과 말이죠?"

"어머, 그동안 사과 개수를 계속 세고 있었던 거야?"

"아뇨, 이젠 일일이 세지 않아도 알 수 있어요. 그럴 필요가 없다는 걸 알았거든요."

나는 창고 지하실로 내려가다가 문득 이상한 생각이 떠올랐어. 2층의 아래는 1층, 그 아래는 지하 1층…… 가만, 이건 좀 이상한데? 양 두 마리에서 한 마리를 빼면 한 마리, 거기서 또 한 마리를 빼면 방금 배운 '0'마리잖아. 그런데 왜 2층에서 한 층을 내려가면 1층, 거기서 또 한 층을 내려가면 '0층'이 아니라 '지하 1층'인 거지? 내가 계산을 잘못했나? 나는 사과 상자를 울타리 앞에 내려놓고 아가씨에게 물어봤어.

"아가씨, 숫자에는 0이 있는데 우리 창고에는 왜 0층이 없어요?"

"너 정말 하루가 다르게 똑똑해지는구나! 네 말이 맞아. 수학적으로 따지면 당연히 0층이 있어야 하는데, 옛날 사람들이 0을 잘 몰라서 잘못된 전통이 생긴 거야."

파미나 아가씨는 지팡이를 들고 또다시 바닥에 그림을 그렸어.

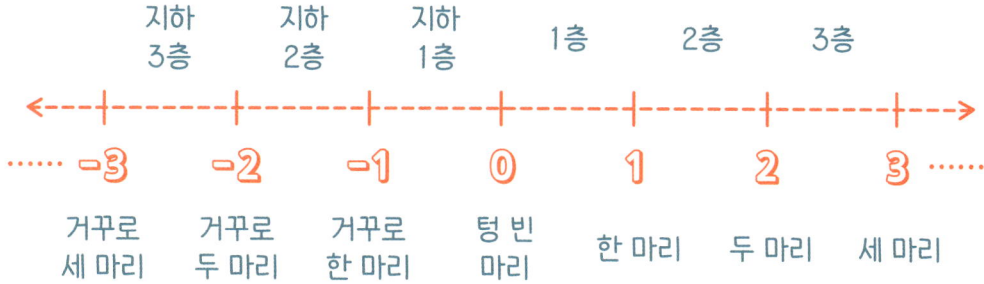

"한 마리, 두 마리, 세 마리는 이 그림에서 숫자가 놓인 위치를 말하는 거고 1층, 2층, 3층은 숫자들 사이의 간격을 말하는 거야."

"그래도 이상해요. 층수도 분명히 숫자인데, 1층에서 한 층 아래로 내려가면 0층이 되어야 하는 거 아닌가요?"

"그건 말이지, 땅 위의 층은 천장을 기준으로 층수를 매기고, 땅 밑으로는 방바닥을 기준으로 층수를 매겨서 그렇게 된 거란다."

"기준이 오락가락하니까 헷갈리네요. 그 바람에 0층이 사라져 버렸잖아요."

"맞아, 옛날 사람들이 너처럼 똑똑했다면 건물 층수를 지금처럼 이상하게 매기지 않았을 거야."

아가씨의 칭찬을 듣고 우쭐해진 나는 단호한 표정으로 말했어.

"그럼 저는 창고 1층을 앞으로 0층이라고 부르겠어요. 그 위의 2층은 앞으로 1층이고요!"

"호호, 네 맘대로 해. 하지만 다른 고양이들한테 강요하지는 마. 아무리 틀렸다고 해도 오래된 전통은 쉽게 바뀌지 않거든."

그날 저녁, 나는 짚으로 양 인형을 만들어서 '0'이라고 적힌 목걸이를 걸어 주고 '영심이'라는 이름도 지어 줬어. 0도 엄연한 숫자니까 거기 해당하는 양도 한 마리 있어야겠더라고. 진짜 양들은 영심이가 무서운지 슬슬 피해 다니고 있지만, 자꾸 보면 익숙해지겠지.

드디어 일과를 마치고 침대에 누웠어. 자, 이제 머릿속에 떠오른 양들을 한 마리씩 우리로 돌려보내면 파미나 아가씨만 남게 되는 거야. 나는 기분 좋은 상상을 하면서 양을 한 마리씩 거꾸로 세어 나가기 시작했지. 32, 31, 30, ……, 14, 13, 12, ……, 3, 2, 1, 0! 오케이, 됐다. 항상 끝까지 버티던 일용이가 영심이를 입에 물고 우리로 돌아갔어. 어? 근데 이건 또 뭐야? -1, -2, -3, …… 번호표를 목에 건 이상한 양들이 계속 몰려오잖아! 이게 아닌데, 이러면 안 되는데……. 불청객들을 막으려고 아무리 애를 써도 소용없더라고. 결국 아가씨는 음수 양들 속에 파묻혀 버렸어. 젠장, 되는 일 없네.

파미나 숫자 노트 ⑤

1보다 하나 작은 수가 0이라는 거, 알고 있지요? 십진법은 '0'이라는 숫자가 있기에 가능했습니다. 0은 지금으로부터 1500년 전쯤 인도 사람들이 발명했는데, '아무것도 없다'는 뜻이어서 별거 아닌 것 같지만, 0이 없었다면 지금과 같은 숫자 계산은 불가능했을 겁니다.

그런데 **0을 무시하는 바람에 우리가 사용하는 '연도'에 차질**이 생겼다는 걸 알고 있나요? 올해가 서기 2023년이라면 지금으로부터 2023년 전은 서기 몇 년이었을까요? 2023-2023=0이니까 당연히 0년이었겠지요? 하지만 역사책에는 이 해가 '기원전 1년'이라고 되어 있답니다. 간단히 말해서 -1년이라는 뜻이지요. 왜 이렇게 되었을까요? 옛날 사람들이 0을 잘 몰라서 -1 다음에 오는 수가 0이 아닌 1이라고 생각했기 때문에 이런 실수가 생겼답니다. 분명히 잘못된 건데, 이것도 전통이 되어서 틀린 채로 쓰고 있지요. 수학적으로 맞으려면 올해는 2023년이 아니라 2022년이 되어야 합니다.

영심아, 0이라는 숫자는 알면 알수록 재미있어!

파미나 숫자 노트 ❻

영국에서는 건물의 층수를 세는 방법이 우리와 다르답니다. 우리나라에서는 방바닥 높이가 땅바닥과 같은 층이 1층이지만, 영국에서는 이것을 '0층' 또는 '지면 층 ground floor'이라고 하지요. 그리고 그 위로 올라가면 2층이 아니라 1층입니다. 그러니까 우리가 말하는 2층은 영국에서 1층, 우리가 말하는 3층은 영국에서 2층인 거지요. 하지만 땅 밑으로 내려가면 우리와 똑같이 지하 1층, 지하 2층 등으로 부릅니다. 과연 어느 쪽이 맞는 걸까요?

39쪽의 그림에서 알 수 있듯이, **-1과 1 사이는 한 칸이 아니라 두 칸**입니다. 그 사이에 0이 있기 때문이지요. 0도 다른 수와 마찬가지로 엄연한 숫자이기 때문에, 층수를 셀 때 절대 건너뛰면 안 됩니다. 그러니까 0을 하나의 숫자로 간주한 영국식 층수가 수학적으로 맞는 거지요.

영국에 가서 엘리베이터를 타게 되면 이 말을 꼭 기억해! "땅 위의 층수는 0층부터 시작한다!"

파미나 숫자 노트 7

자연수 1, 2, 3, ……의 앞에 '−' 기호를 붙인 −1, −2, −3, ……을 '음수'라고 합니다. −1은 '음수 일'이라고 읽거나, '마이너스 일'이라고 읽어도 되지요. 3−3=0이라는 건 다들 알고 있지요? 그러면 3−4는 얼마일까요? 작은 수에서 큰 수를 뺀다고 하니까 조금 당혹스럽겠지만, 숫자의 세계에서는 얼마든지 가능합니다. 답부터 말하면 3−4=−1입니다. 작은 수에서 큰 수를 빼면 답이 항상 음수로 나오지요. 물건을 셀 때는 음수가 별로 필요 없지만, 돈을 빌려주고 갚을 때는 아주 편리한 숫자랍니다.

제 친구 삼순이가 은행에 500원을 저축하고, 700원을 빌렸대요. 부자인가요?

삼순이의 전 재산은 500−700=−200원이니까 은행에 200원을 갚아야 해. 삼순이는 돈이 한 푼도 없는 사람보다 가난한 거야.

앞에서 1, 2, 3, ……을 '자연수'라고 한다고 했지요? 여기에 0하고 음수를 합친 ……, -3, -2, -1, 0, 1, 2, 3, ……을 **'정수'**라 하고, 이들을 한데 모아 놓은 {……, -3, -2, -1, 0, 1, 2, 3, ……}을 **'정수의 집합'**이라고 합니다. 그러니까 자연수는 정수의 일부분인 거지요. 이 포함 관계를 그림으로 표현하면 다음과 같습니다.

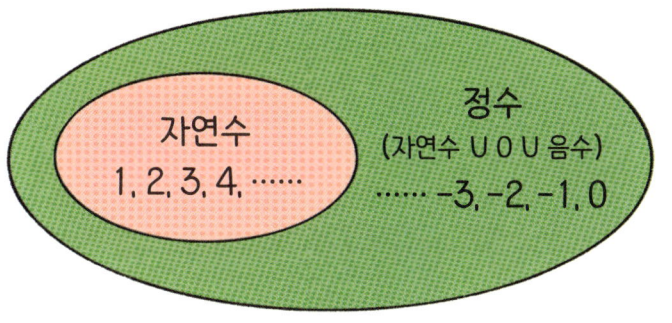

자연수의 집합 U 0 U 음수의 집합 = 정수의 집합
(U는 집합을 합친다는 뜻)

정수는 단결심이 아주 강해서, 정수끼리 더하거나(+) 빼거나(-) 곱해도(×) 그 결과는 항상 정수로 나옵니다. 작은 수에서 큰 수를 빼도 아무런 문제가 없지요. 하지만 나누기(÷)만은 예외입니다. 정수를 정수로 나누면 정수가 아닌 다른 수가 나올 수도 있거든요. 그게 어떤 수냐고요? 조금만 더 읽어 보세요!

　0과 음수를 알고 난 후, 나는 틈날 때마다 파미나 아가씨가 빌려준 책을 읽으면서 정수끼리 더하고, 빼고, 곱하는 방법을 익혔어. 너무 재미있어서 밤을 꼴딱 새운 적도 여러 번 있었지. 양들을 돌볼 때도 한쪽 손에는 항상 수학책이 들려 있었어. 전에는 양들이 풀을 뜯고 있을 때 그늘 밑에 앉아 먼 하늘을 바라보거나 꾸벅꾸벅 졸았는데, 이제는 그 시간이 '수학 공부하는 시간'이 된 거야. 신기하게도 알면 알수록 더 재미있더라고.

　그중에서 제일 재미있는 건 숫자 여러 개를 더하거나 곱할 때, 순서를 마음대로 바꿔도 답이 똑같다는 거였어. 이런

걸 '교환법칙'이라고 하더라고. 예를 들어 15에다 17을 더하면 32고, 17에다 15를 더해도 32라는 얘기야. 사실 이건 내가 숫자를 모르던 시절에도 알고 있던 사실이지. 양들의 털을 깎을 때 첫날 15마리를 깎고 다음 날 17마리를 깎아 준 거랑, 첫날 17마리를 깎고 다음 날 15마리를 깎아 준 거랑 결과가 같은 건 당연하잖아. 하지만 교환법칙은 숫자가 여러 개일 때 진짜 위력을 발휘하더라고. 게다가 이것 덕분에 파미나 아가씨한테 엄청난 칭찬까지 들었어. 그 일을 떠올리면 지금도 하늘을 날아다니는 기분이야. 우히히.

하루는 오랜만에 양들을 목욕시키고 나무 그늘 아래에서 책을 읽고 있는데, 파미나 아가씨가 다가와 난처한 표정으로 말했어.

"저…… 뉴메릭, 부탁 하나만 해도 되겠니?"

"하나가 아니라 두 개 하셔도 돼요. 오늘 할 일은 대충 끝냈거든요."

"우리 집 현관 앞마당에 깔아 놓은 타일 있잖아. 그게 너무 오래돼서 많이 깨졌거든. 우리 아빠가 타일을 새로 깔고 싶다는데, 그 일을 할 사람이 없지 뭐니."

"그래요? 저도 타일 공사는 해 본 적이 없지만 한번 해 볼

게요."

파미나 아가씨와 나는 집 마당으로 가서 타일을 직접 확인했어. 아가씨 말대로 멀쩡한 타일보다 깨진 타일이 더 많더라고. 딱 보니까 새 타일만 있으면 나 혼자 쉽게 깔 수 있을 것 같았어.

"새 타일은 창고에 있단다. 지난번에 공사하고 남은 걸 모아 놨거든."

"그거 잘됐네요. 제가 가서 가져올게요."

"꽤 무거울 텐데, 괜찮겠니?"

"걱정 마세요. 흰 타일 42개랑 검은 타일 36개, 전부 78개면 되겠네요."

타일의 개수를 척척 말하는 나를 보며 파미나 아가씨는 깜짝 놀랐어.

"그걸 어떻게 알아? 그새 일일이 세어 본 거야?"

"아뇨, 그냥 정수의 교환법칙을 응용해 본 것뿐이에요."

"어떻게 한 건데? 나한테 설명 좀 해 봐."

나는 바닥에 그림을 그려 가면서 책에서 익힌 계산법을 아가씨한테 설명해 줬어.

"전체 타일의 수는 아래쪽부터 시작해서 $1+2+3+4+5+6+7+8+9+10+11+12$개잖아요? 일일이 더해도 답을 알

수 있지만, 숫자가 많아서 번거롭겠더라고요. 그런데 덧셈은 교환법칙을 만족한다고 하길래, 더하는 순서를 조금 바꿔 봤어요."

나는 바닥에 숫자를 계속 써 나갔어. 1부터 6까지는 윗줄에 순서대로 쓰고, 7부터 12까지는 아랫줄에 거꾸로 써서 위아래로 더하면 이렇게 되지.

$$1 + 2 + 3 + 4 + 5 + 6$$
$$+ 12 + 11 + 10 + 9 + 8 + 7$$
$$\overline{}$$
$$13 + 13 + 13 + 13 + 13 + 13$$

"자, 이제 13을 여섯 번 더하면 우리가 찾는 답이 되는데, 이건 13×6하고 같으니까 전체 타일의 개수는 78개인 거지요."

"기가 막혀서……. 이걸 혼자 알아냈단 말이야? 그럼 흰 타일이 42개라는 건 어떻게 알았니?"

"흰 타일도 아래쪽부터 세로 방향으로 세면 1+1+2+2+3+3+4+4+5+5+6+6인데, 여기에도 교환법칙을 써서 (1+2+3+4+5+6)+(1+2+3+4+5+6)으로 바꾸면 21+21이니까 42개지요. 검은 타일은 78−42=36개고요."

"어머! 뉴메릭, 너 정말 천재로구나!"

"에이~ 아니에요. 아직 모르는 게 훨씬 많은걸요."

"아냐, 숫자를 안 지 몇 달 안 됐는데 그런 생각을 해내다니 정말 놀라워!"

이 한마디에 그동안의 피로가 말끔하게 가시면서, 말로 표현할 수 없는 보람을 느꼈어.

"파미나 아가씨랑 친해지고 싶어서 거의 매일 밤을 새워가며 공부한 결과예요!"라고 자랑하고 싶었지만 꾹 참았지. 숫자를 많이 알수록 아가씨와 점점 가까워지는 듯한 기분이 든다면 지나친 착각일까?

파미나 숫자 노트 8

숫자로 할 수 있는 계산으로는 덧셈, 뺄셈, 곱셈, 나눗셈이 있습니다. 이것을 통틀어서 '**사칙연산**'이라고 하지요. 그중 **덧셈**과 **곱셈**은 몇 가지 중요한 법칙을 만족하는데, 간단히 정리하면 다음과 같습니다.

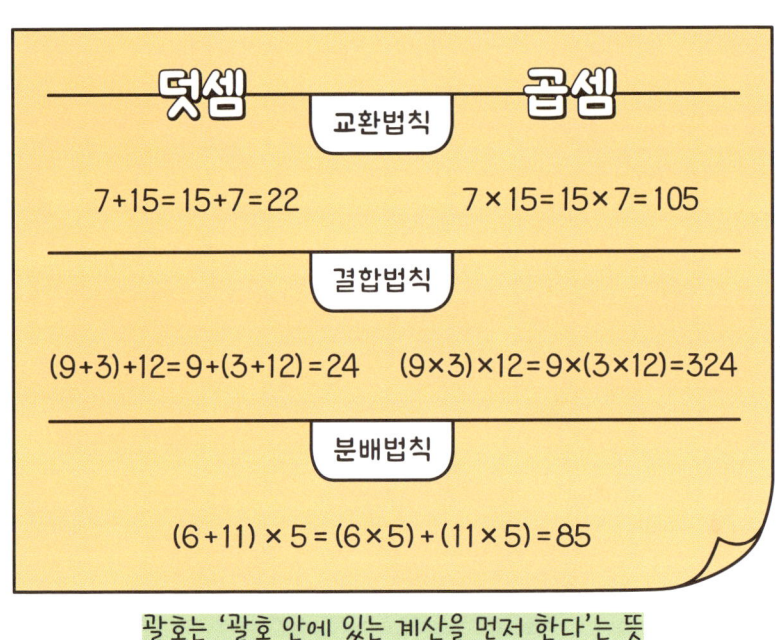

덧셈	곱셈
교환법칙	
7+15=15+7=22	7×15=15×7=105
결합법칙	
(9+3)+12=9+(3+12)=24	(9×3)×12=9×(3×12)=324
분배법칙	
(6+11)×5 = (6×5)+(11×5) = 85	

괄호는 '괄호 안에 있는 계산을 먼저 한다'는 뜻

뺄셈과 나눗셈은 이런 법칙을 만족하지 않습니다. 딱 봐도 7 - 3과 3 - 7은 같을 수가 없지요. 그리고 7÷3과 3÷7도 완전히 다릅니다. 피자 일곱 조각을 세 명이 나눠 먹는 것과, 피자 세 조각을 일곱 명이

나눠 먹는 게 같을 수가 없지요. 그런데 뺄셈하고 나눗셈은 왜 이렇게 까다롭게 구는 걸까요?

앞에서 덧셈, 뺄셈, 곱셈, 나눗셈을 사칙연산이라고 했지만, 사실 정식 연산은 덧셈과 곱셈, 두 가지뿐입니다.

모든 뺄셈은 7-3=7+(-3)=4처럼 '<u>음수의 덧셈</u>'으로 쓸 수 있고, 나눗셈은 $7÷3=7×\frac{1}{3}$처럼 '<u>분수의 곱셈</u>'으로 쓸 수 있기 때문이지요(분수에 관한 이야기는 바로 뒤에 등장할 겁니다). 그러니까 뺄셈과 나눗셈이 위에 열거한 연산 법칙을 만족하지 않는 이유는 '<u>어떤 수에 음수를 더하는 경우</u>'나 '<u>어떤 수에 분수를 곱하는 경우</u>'를 간단하게 표기한 변칙 연산이기 때문입니다. 정식 연산인 덧셈과 곱셈은 항상 교환법칙과 결합법칙, 분배법칙을 만족하지요. 만일 이 법칙들이 없었다면 모든 계산은 훨씬 복잡하고 번거로워졌을 겁니다.

덧셈, 곱셈, 뺄셈 배웠고, 이제 나눗셈! 아직도 갈 길이 멀었으니 조금만 더 힘내렴!

아가씨와 함께라면 즐겁게 배울 수 있을 것 같아요!

3
당근을 나눠 줄 때 꼭 알아야 할 분수

파미나 아가씨는 나를 천재라고 했지만, 책에서 봤던 계산법을 써먹은 것뿐이었어. 내가 천재가 아니라는 건 누구보다 내가 잘 알아. 사실은 아가씨한테 말하기 싫은 콤플렉스가 있거든. 정수로 하는 계산은 어느 정도 자신이 붙었는데, 분수는 여전히 낯설기만 했어. 두 개의 정수를 더하거나, 빼거나, 곱해도 답은 항상 정수로 나오는데 정수를 정수로 나누면 내가 모르는 수가 마구 튀어나왔기 때문이야. 12÷3=4, 378÷14=27 같은 나눗셈은 알겠는데, 13÷7을 계산하려고 하면 머릿속이 하얘지더라고.

어느 화창한 여름날, 방목지에서 풀을 뜯는 양들을 바라보며 나눗셈에 관한 책을 읽고 있는데, 한 손에 바구니를 든 파미나 아가씨가 멀리서 나를 부르며 다가왔어.

"뉴메릭, 날씨가 많이 더워졌지? 목마를 텐데 이것 좀 마셔."

"사과주스네요? 저 이거 무지 좋아하는데! 고마워요, 아가씨. 근데 바구니에 든 건 뭐예요?"

"양들이 좋아하는 당근이야. 더울 땐 양들도 잘 먹어야 하잖니. 마릿수에 맞춰서 가져왔으니까, 하나씩 나눠 주렴."

"네, 15번하고 27번 양이 돌아오면 나눠 줄게요."

"내가 빌려준 책, 열심히 읽고 있구나. 난 말이지, 가끔은

네 재능이 아깝다는 생각이 들어."

"애고, 재능이라뇨. 학교를 못 다녀서 뒤늦게 공부하는 것뿐인걸요. 아가씨가 아니었다면 저는 숫자도 모르는 무식한 목동으로 평생을 살았을 거예요. 정말 감사합니다."

나는 목장이 내려다보이는 단풍나무 사거리까지 아가씨를 배웅하고 양들이 있는 곳으로 돌아왔어. 그런데 그사이에 낯익은 토끼 한 마리가 당근 하나를 훔쳐 물고 언덕 너머로 쏜살같이 도망가고 있더라고.

"이 도둑놈아! 또 너냐? 다음에 걸리면 진짜 가만 안 둬!"

그 토끼는 상습범이었기 때문에 굳이 추격전을 벌이지 않았어. 그런데 멀리 갔던 양들이 다 돌아와서 당근을 나눠 주려고 하다가 문득 불길한 예감이 들더군. 아니나 다를까, 32개였던 당근이 31개로 줄었더라고. 그놈의 도둑 토끼 때문에 골치 아픈 나눗셈에 직면하게 된 거야.

"양들아, 너희 중에 혹시 당근 알레르기 있는 애 없니?"

당근이라면 사족을 못 쓰는 녀석들인데, 알레르기가 있을 턱이 있나. 설령 있다 해도 말귀를 못 알아들으니 다 헛일이지. 양들한테 가위바위보를 시킬 수도 없고……. 당근 31개를 32마리한테 똑같이 나눠 주려면 한 마리당 얼마만큼씩 줘야 하나? 책에서 읽은 대로 하면 31을 32로 나눠야 하는데, 이건

내가 제일 어려워하는 계산이잖아. $31 \div 32 = \frac{31}{32}$까지는 알겠는데, 이게 대체 어떤 숫자냐고. 차라리 한 개가 남는다면 내가 먹어 치우면 될 텐데, 한 개가 모자라니까 문제가 너무 어려워진 거야. 그러다 아까 마시고 남은 사과주스가 눈에 띄는 순간, 기발한 아이디어가 떠올랐어. 그래, 당근을 몽땅 갈아서 당근주스를 만드는 거야. 그러면 저울에 달아서 32마리한테 똑같이 나눠 줄 수 있잖아!

나는 양들을 우리로 돌려보낸 뒤, 창고에 있는 맷돌로 당근 31개를 갈기 시작했어. 그런데 지하실에서 무언가 부스럭거리는 소리가 나더니, 파미나 아가씨가 웬 종이 한 장을 들고 킥킥 웃으며 올라오더라고. 범죄 현장에서 딱 걸린 거지 뭐. 아가씨 손에 들려 있는 종이는 예전에 내가 사과 때문에 고생하다가 벽에 붙여 놓은 거였어. '사과는 한 상자당 꼭 32개씩 담을 것!'이라고 쓴 그 메모지 말이야. 고양이 체면에 쥐구멍으로 들어갈 수도 없고, 정말 난감했지.

"뉴메릭, 지금 뭐 하는 거니? 당근을 왜 갈고 있어?"

이럴 때 구차한 변명을 늘어놓아 봐야 나만 더 비참해지겠더라고.

"죄송해요. 아까 아가씨가 주신 당근 32개 중 한 개를 토끼가 훔쳐 가는 바람에……."

파미나 아가씨는 종이와 맷돌을 번갈아 바라보다가 갑자기 배꼽을 잡고 웃기 시작했어.

"푸하하하! 무슨 사연인지 알겠다. 나눗셈이 어려웠구나?"

"네, 맞아요. 저는 천재가 아니라고 말씀드렸잖아요."

아가씨는 내 옆에 앉더니 어깨를 다독이며 말했어.

"그렇게 기죽지 않아도 돼. 처음부터 다 아는 사람이 어디 있니? 넌 누구보다 똑똑하니까 마음만 먹으면 금방 알 수 있을 거야. 괜찮다면 내가 도와줄게."

"고맙습니다. 열심히 배울게요. 그런데요, 이왕에 만든 당근주스는 양들한테 나눠 줘도 되지……요?"

파미나 숫자 노트 ❾

31÷32는 얼마일까요? $\frac{31}{32}$도 답이고, 0.96875도 답입니다. 그런데 $\frac{31}{32}$은 앞에서 주어진 문제에서 '먼저 나온 숫자를 위로, 뒤에 나온 숫자를 아래로 내린 것'뿐이어서 별로 답처럼 보이지 않습니다. 이것만 봐서는 값이 얼마인지 머릿속에 그려지지 않으니까요. 정확한 값을 십진법으로 쓰려면 나눗셈을 해야 하는데, 방법은 다음과 같습니다.

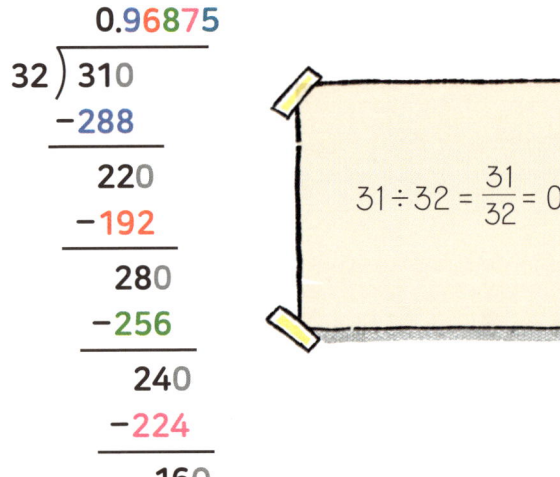

$$31 \div 32 = \frac{31}{32} = 0.96875$$

$\frac{31}{32}$처럼 작대기 위-아래로 표기한 수를 '**분수**'라 하고, 0.96875처럼 소수점을 이용하여 십진법으로 표기한 수를 '**소수**小數'라고 합니다. 모든 분수는 소수점을 이용해서 십진법으로 쓸 수 있기 때문에, 소수를 굳이 수의 한 종류로 생각할 필요는 없습니다.

1과 자기 자신 외에는 약수가 없는 3, 7, 11 같은 수를 소수素數라고 하는데, 우연히 한자 발음이 같은 것일 뿐, 소수小數와는 완전히 다른 수야!

오~ 두 가지 소수! 기억해 둘게요.

분수에서 위에 있는 수를 '**분자**', 아래에 있는 수를 '**분모**'라고 합니다. 이들이 아주 이상한 수(뒤에서 만나게 될 무리수)가 아닌 한, 모든 분수는 '**분자와 분모가 모두 정수인 분수**'로 쓸 수 있습니다. 예를 들어 $\frac{3.07}{8.65}$ 은 $\frac{307}{865}$로 써도 똑같습니다. 그리고 앞에 나왔던 모든 정수도 분수로 쓸 수 있습니다. $2=\frac{2}{1}$, $6=\frac{18}{3}$, $0=\frac{0}{5}$, $-3=\frac{-12}{4}$ 처럼 말이지요.

이렇게 분자와 분모가 모두 정수인 분수를 '**유리수**'라 하고, 그 수들을 모아 놓은 집합을 '**유리수의 집합**'이라고 합니다. 모든 정수는 유리수에 속하고, 정수가 아닌 분수도 유리수에 속하는 거지요.

이 포함 관계를 그림으로 표현하면 다음과 같습니다.

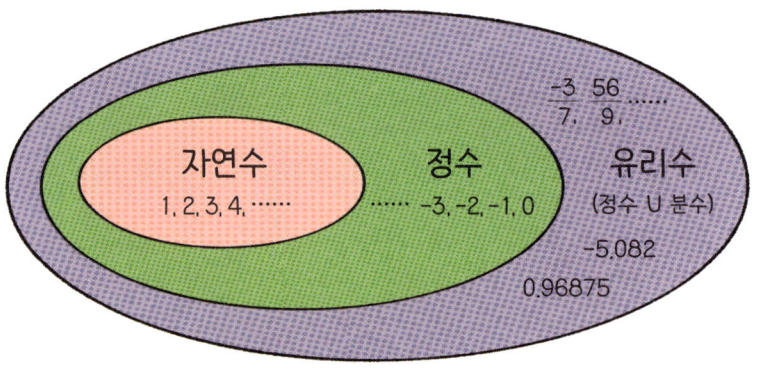

정수의 집합 ∪ 정수가 아닌 분수의 집합 = 유리수의 집합

유리수를 알았다면, 이제 사칙연산을 하다가 난감해질 일은 없습니다. 유리수끼리 더하고, 빼고, 곱하고, 나눠도 답은 항상 유리수로 나오니까요.

그러면 수의 종류는 유리수로 끝일까요? 아닙니다. 수의 세계에는 유리수에 속하지 않는 수가 아직 남아 있답니다.

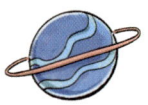

　도둑 토끼 때문에 난처한 일을 겪은 뒤로, 나는 매일 시간을 정해서 파미나 아가씨한테 나눗셈을 배웠어. 그러면 그렇지, $\frac{31}{32}$처럼 값이 정수로 딱 떨어지지 않는 분수는 내가 미처 몰랐던 '유리수'였던 거야. 유리수끼리는 마음대로 더하고, 빼고, 곱하고, 나눠도 답이 항상 유리수로 나오기 때문에 더 이상 걱정할 일도 없고, 정말 속이 후련하더라고.

　"이제 유리수가 뭔지 알 것 같아요. 나눗셈 공포증도 없어졌고요. 이게 다 아가씨 덕분이에요."

　"네가 워낙 똑똑하니까 금방 깨치는 거야. 내가 학교에 다닐 때도 너만큼 똑똑한 학생은 본 적이 없단다."

"아가씨한테 칭찬 들으면 왠지 겁이 나요. 지난번처럼 또 멍청한 짓을 하다가 들통날까 봐……."

"그게 왜 멍청한 짓이야? 내가 볼 땐 아주 기발한 아이디어였어. $\frac{31}{32}$이 0.96875라는 걸 알았다고 해도, 누가 31개나 되는 당근을 그 크기로 일일이 자르고 있겠니? 내가 너였어도 당근을 갈았을 거야. 물론 맷돌이 아닌 믹서기를 썼겠지만."

"수학하고 현실은 조금 다른가 봐요."

"조금이 아니라 많이 달라. 이 세상에는 숫자로 표현할 수 없는 게 너무나 많거든. 정겨웠던 어린 시절 추억이랑 엄마가 불러 주던 자장가, 화단에 핀 예쁜 장미꽃을 어떻게 숫자로 표현할 수 있겠니?"

"그래요. 수가 세상의 전부는 아니겠지요. 하지만 저는 수의 종류와 연산을 알게 된 뒤로 세상을 보는 눈이 많이 달라졌어요."

"호호, 이럴 땐 넌 정말 수학자 같아. 수를 사랑하는 목동이라니, 너무 멋지지 않니?"

"에이~ 저는 그냥 뒤늦게 수를 알게 된 무식한 목동일 뿐인걸요. 그런데 제가 모르는 수가 아직도 남아 있나요?"

"응. 안타깝게도 아직 남아 있어."

"유리수로 아무리 복잡한 사칙연산을 해도 답이 항상 유리수로 나온다는데, 유리수가 아닌 수가 또 있단 말이에요?"

"그래. 하지만 억지로 알려고 애쓸 필요는 없어. 나머지 수들은 우리 일상생활하고 별 관계가 없거든."

"어떤 수인지 궁금하네요. 유리수끼리 아무리 곱하고 나눠도 만들 수 없는 수라면, 그런 수를 대체 누가 만들었대요?"

"만든 게 아니라 원래부터 있던 걸 수학자들이 나중에 찾은 거란다. 너의 뛰어난 수학적 재능을 뒤늦게 찾은 것처럼."

나는 더 이상 아무 말도 하지 않았어. 내가 아직 모르는 숫자가 있다 해도 꼭 알아야 하는 거라면, 언젠가 스스로 모습을 드러내겠지. 당근주스처럼 말이야.

그날 밤, 내 방 침대에 누워 파미나 아가씨가 한 말을 곰곰 생각해 봤어. 사람들이 숫자를 만든 게 아니라 이미 있던 것을 발견한 거라고 했잖아. 그럼 이 세상은 원래 숫자로 가득 차 있던 걸까? 이 세상에 사람이 살지 않던 까마득한 옛날에도 숫자라는 게 존재했을까? 우주 반대편에 외계인이 살고 있다면, 그들도 숫자를 발견했을까? 그럼 외계인하고 대화를 나눌 땐 숫자로 말해야 하나?

눈을 감으니 눈앞에 넓고 넓은 우주가 펼쳐졌어. 수많은 별들은 저마다 숫자가 적힌 꼬리표를 하나씩 달고 어디론가 날아가고 있었지. 마치 우주 전체가 숫자의 규칙을 따라 질서 정연하게 움직이는 것 같았어. 그러다가 어느새 별들은 분수 번호표를 단 양 떼로 변했고, 그 한가운데에서 환하게 웃는 파미나 아가씨가 양들을 부르고 있더라고. 옳거니, 이번에야말로 분수 양들을 우리로 보내고, 우주 한복판에서 아가씨랑 오붓하게 대화를 나누는 거야.

$\frac{1}{2}, \frac{1}{3}, \frac{1}{4}, \ldots\ldots, \frac{1}{73}, \frac{1}{74}, \ldots\ldots, \frac{1}{259}, \frac{1}{260}, \ldots\ldots.$

젠장, 정말 되는 일 없네.

4
아무리 써 내려가도 끝나지 않는 무리수

　분수 양들 때문에 또다시 잠을 설치고 다음 날 아침 늦게 눈을 떴는데, 마당에서 파미나 아가씨가 다른 일꾼들하고 이야기하는 소리가 들려왔어. 무언가 분주해 보이길래 급히 옷을 챙겨 입고 나가 보니, 아가씨가 제일 예쁜 옷을 차려입고 나귀와 함께 마을로 내려갈 준비를 하고 있더라고.

　"뉴메릭, 창고에 식량이 거의 떨어졌더라. 마을에 장 보러 다녀올게."

"장 보는 건 원래 제가 하던 일인데, 저도 같이 갈까요?"

"아냐, 나 혼자 가도 돼. 참, 울타리가 너무 낡아서 위험해 보이던데, 내가 없는 동안 좀 고쳐 줄래?"

"네, 그 울타리는 작년에 제가 친 거니까 알아서 고쳐 놓을 게요."

같이 못 가서 서운했지만, 시킨 일을 잘해 놓으면 아가씨가 환하게 웃는 모습을 볼 수 있다는 생각에 더 고집을 부리지는 않았어. 나는 나귀 등에 새 안장을 얹고 언덕 아래 시냇물 징검다리까지 아가씨를 바래다줬어. 그런데 돌아오는 길에 하늘을 올려다보니 먹구름이 잔뜩 낀 게 아무래도 비가 올 것 같더라고. 나는 서둘러 양들을 우리 안으로 들여보내고, 전에 아가씨가 바닥에 적어 놓은 숫자들이 빗물에 지워지지 않도록 구멍 뚫린 창고 지붕부터 고쳤어.

아니나 다를까, 지붕 수리가 끝나자마자 장대 같은 소나기가 퍼붓기 시작하더군. 아가씨는 마을에 잘 도착했을까? 비가 이렇게 오면 오늘 중에 돌아오기 어려울 텐데……. 이따 저녁때 마중이라도 나가 볼까? 비가 오는 동안은 울타리를 고칠 수가 없어서, 일단은 재료가 있는지 확인하기 위해 창고로 갔어. 작년에 울타리 칠 때 쓰고 남은 목재를 거기에 쌓아 뒀거든. 혹시 재료가 모자라면 곤란하니까, 울타리 공사를 하려면

목재가 얼마나 필요한지 미리 알아 두는 게 좋을 것 같더라고. 우리 농장은 정사각형 모양인데, 양들이 노는 곳과 우리가 사는 곳을 구분하기 위해 대각선을 따라 울타리를 쳐 놓았어. 내 기억에 따르면 정사각형 한 변의 길이는 100미터였지. 그러면 대각선의 길이는 얼마나 될까?

그러자 문득 얼마 전에 읽었던 책이 생각났어. 아가씨가 빌려준 책 중에서 이것과 비슷한 내용을 읽은 적이 있거든. 방으로 달려가 책을 꺼내서 펼쳐 보니 이렇게 적혀 있더라고.

'직각삼각형의 빗변의 길이의 제곱은 직각을 낀 두 변의 길이를 각각 제곱하여 더한 값과 같다.'

처음 읽을 때는 무슨 뜻인지 이해가 안 가서 그냥 넘어갔는데, 다시 읽어 보니 어렴풋이 알 것 같았어. 정사각형에 대각선을 그으면 똑같은 직각삼각형 두 개가 생기잖아. 이럴 때 직각삼각형에서 직각을 끼고 있는 두 변의 길이를 알면 나머지 한 변, 즉 빗변의 길이를 알 수 있다는 뜻 같더라고. 나는 창고로 돌아와 바닥에 한 변의 길이가 1미터인 정사각형을 그려 보았어.

'제곱'이라는 말은 자기 자신을 두 번 곱한다는 뜻이고, 직각을 낀 두 변은 길이가 모두 1이니까, 책에 적힌 대로 쓰면 (대각선 길이)×(대각선 길이)=(1×1)+(1×1)이라는 뜻이겠군. 그런데 1×1은 당연히 1이니까, 결국 (대각선 길이)×(대각선 길이)=2라는 뜻이잖아. 오케이, 별거 아니었네. 이제 자기 자신을 두 번 곱해서 2가 되는 수를 찾으면 그게 바로 대각선의 길이가 되는 거야.

어디 보자. 1의 제곱(1^2)은 1이고, 2의 제곱(2^2)은 4니까, 내가 찾는 수는 1하고 2 사이에 있겠지. 그럼 중간에 있는 1.5를 두 번 곱해 볼까?

$1.5 \times 1.5 = 1.5^2 = 2.25$

2를 넘어갔네.
그럼 1.4는 어떨까?

$1.4 \times 1.4 = 1.4^2 = 1.96$

이건 2보다 조금 작네.

그럼 1.5하고 1.4 사이에 있는 어떤 수인 것 같은데, 내가 읽은 책에는 이런 수를 쉽게 계산하는 방법이 안 나와 있었어. 나는 곱셈 연습도 할 겸, 답이 2에 가까워지도록 소수점 아래의 숫자를 하나씩 추가하면서 제곱을 계산해 나갔어. 한참 계산하다가 '우르릉 쾅!' 하는 천둥소리에 깜짝 놀라 시계를 보니 어느새 점심시간이 지나 있더군. 창고 바닥에는 내가 휘갈겨 쓴 글씨가 다음과 같이 남아 있었어.

$1.41 \times 1.41 = 1.41^2 = 1.9881$

$1.414 \times 1.414 = 1.414^2 = 1.999396$

$1.4142 \times 1.4142 = 1.4142^2 = 1.99996164$

$1.41421 \times 1.41421 = 1.41421^2 = 1.9999899241$

$1.414213 \times 1.414213 = 1.414213^2 = 1.999998409369$

$1.4142135 \times 1.4142135 = 1.4142135^2 = 1.99999982358225$

아이고~ 힘들다. 숫자가 길면 계산이 어려워지는 게 아니라, 그냥 단순노동으로 시간만 오래 걸릴 뿐이었어. 무슨 늪 구덩이에 빠져서 허우적대는 기분이 드는 거 있지. 소수점 아래에 적절한 숫자를 아무리 추가해도 답이 2에 '조금 더 가까워질 뿐', 절대로 2가 되지 않는 거야. 내 인내심이 부족한 건가? 숫자를 몇 개만 더 추가해서 곱하면 정확하게 2로 떨어지지 않을까? 하지만 숫자가 길어질수록 계산이 엄청나게 많아져서 더 이상은 도저히 못 하겠더라고. 지금까지 내가 알아낸 건 '자기 자신을 두 번 곱했을 때 2가 되는 수는 아직 알 수 없지만, 1.4142135에 아주 가깝다'는 사실뿐이었어. 그런데 현실적으로 생각해 보니, 이건 별로 똑똑한 짓이 아니었더라고. 우리 농장 울타리의 길이는 방금 구한 값의 100배인 '약 141.42135미터'인데, 대충 141.42미터(141미터 42센티미터)라고 해도 울타리를 세우는 데에는 별지장이 없잖아. 그까짓 몇 센티미터 틀렸다고 울타리가 무너지겠냐고.

나한테 이런 수고를 하게 만든 책을 좀 더 읽어 보니, '직각삼각형의 빗변의 제곱이 어쩌구……' 하는 걸 발견한 사람은 고대 그리스의 피타고라스라는 철학자였대. 피타고라스는 놀랍게도 '이 세상 모든 것이 수로 이루어져 있다'고 주

장했다는 거야. 나는 철학이 뭔지도 모르고 그렇게 어려운 게 왜 필요한지도 모르면서 별생각 없이 살아왔는데, 그 유명한 철학자가 한 말이 무슨 뜻인지 어렴풋이 이해가 가는 거 있지. 지난 몇 달 동안 내가 새로 안 것이라곤 숫자뿐인데, 무식한 목동이 피타고라스의 주장에 고개를 끄덕이다니! 마치 2500년의 세월을 뛰어넘어 숫자로 그분과 대화를 나눈 것 같은 느낌마저 들더라고. 그리고 보니 어젯밤 잠들기 전에 외계인과 숫자로 대화하는 상상을 했었잖아. 그거 혹시 상상이 아니라 진짜였나?

파미나 숫자 노트 ❿

'자기 자신을 두 번 곱해서 2가 되는 수'를 간단하게 줄여서 '2의 제곱근'이라고 합니다. 뉴메릭은 도중에 계산을 멈췄는데, 아주 현명한 판단이었습니다. 왜냐하면 2의 제곱근은 **'아무런 규칙도 없이 소수점 아래로 영원히 끝나지 않는 수'**이기 때문입니다. 우주만큼 큰 종이에 쓴다고 해도 다 쓸 수가 없지요. 이런 수를 **'무리수'**라고 한답니다.

여러분의 이해를 돕기 위해 몇 자리를 더 써 보면 1.41421356237309504880168872420⁹……인데, 그 뒤의 숫자를 더 아는 건 의미도 없고, 그럴 필요도 없습니다. 그래서 수학자들은 2의 제곱근을 이렇게 번거롭게 쓰지 않고 그냥 간단하게 $\sqrt{2}$로 표기합니다. 읽을 때는 '루트 2'라고 읽지요.

$\sqrt{2}$분만 아니라 $\sqrt{3}$, $\sqrt{5}$, $\sqrt{7}$ 등도 소수점 아래로 끝없이 계속되는 무리수입니다. 그런데 $\sqrt{4}$는 왜 빠졌냐고요? 그야 4의 제곱근은 무리수가 아니라 정수 2이기 때문이지요. 2×2=4니까, $\sqrt{4}=2$로 쓸 수 있습니다.

앞에서 '분자와 분모가 모두 정수인 분수'로 쓸 수 있는 수를 유리수라고 했지요? 그런데 무리수는 아무리 노력해도 분수로 쓸 수가 없습니다. 즉, 유리수와 무리수는 완전히 다른 종류의 수인 것이지요.

지름이 1인 원의 둘레 길이는 3.141592……인데, 이것도 아무런 규칙 없이 영원히 끝나지 않는 무리수입니다. 수학자들은 이것을 π로 표기하고, '파이^{pi}'라고 읽지요. 먹는 파이^{pie}하고 혼동하지 마세요!

루트(√)와 파이(π) 이름은 일종의 약속이니까 이런 이름이 왜 붙었는지 따질 필요는 없어.

파이를 배웠더니 갑자기 사과파이가 먹고 싶어졌어요!

그렇다면 유리수와 무리수 중 어느 쪽이 더 많을까요? 둘 다 무한히 많지만, 무리수가 압도적으로 많습니다.

참, $\frac{1}{3}$=0.33333333……도 영원히 끝나지 않지만, 여기에는 '3이 반복된다'는 규칙이 있기 때문에 무리수가 아닙니다. 딱 봐도 분자와 분모가 모두 정수잖아요!

유리수와 무리수를 합쳐서 '**실수**'라 하고, 이들을 모아서 만든 집합을 '**실수의 집합**'이라고 합니다. 이제 수의 범위가 꽤 넓어졌지요?

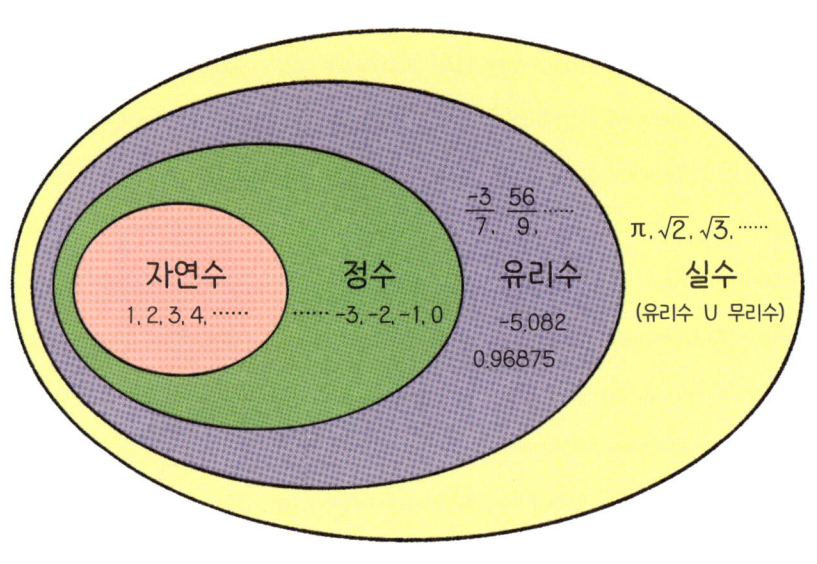

유리수의 집합 ∪ 무리수의 집합 = 실수의 집합

여기서 끝났으면 좋겠지만, 골치 아프게도 아직 등장하지 않은 수가 또 있습니다. 그렇다고 포기하진 마세요. 수의 종류는 그것으로 끝이니까요!

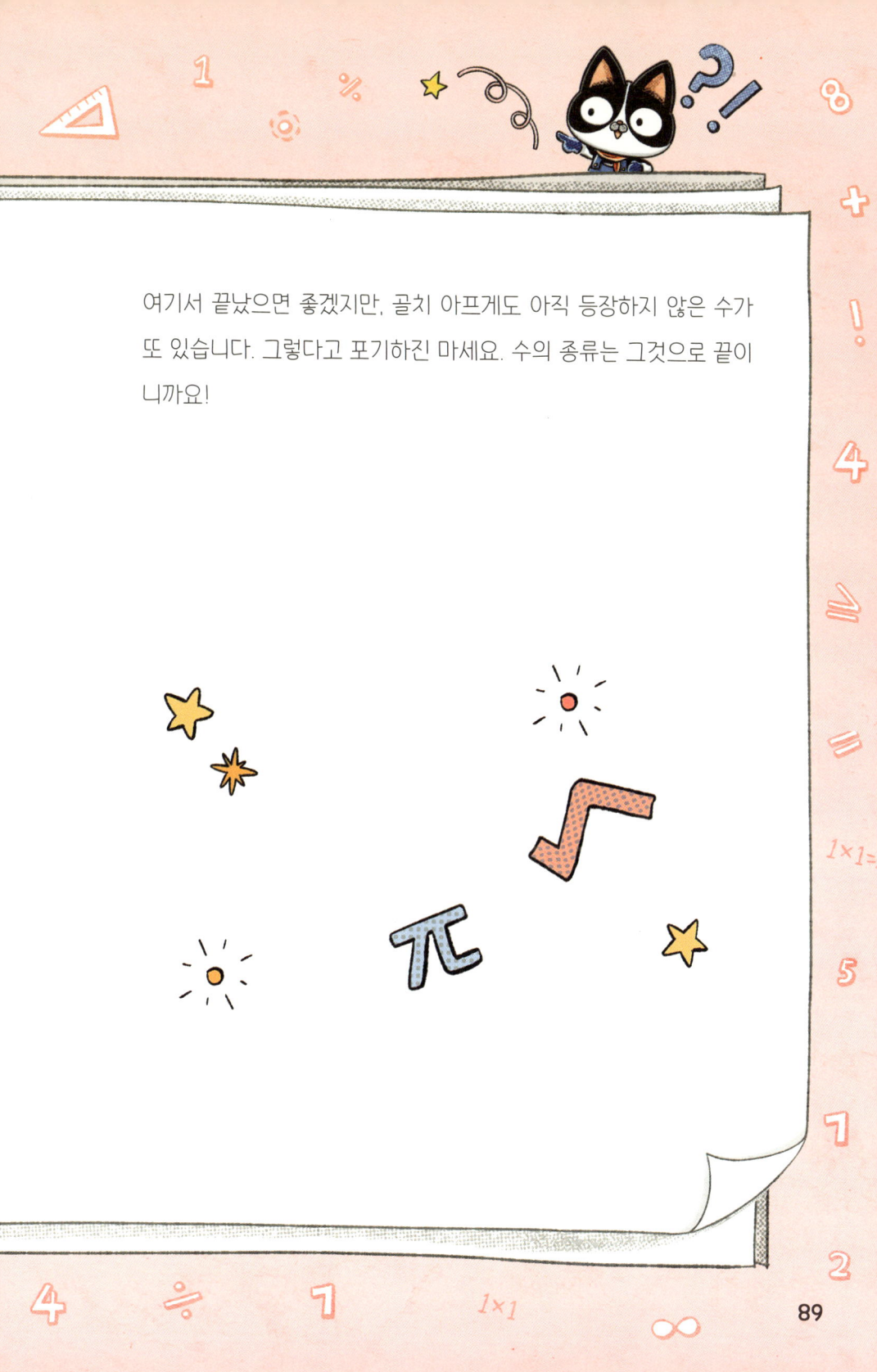

5
숫자에 정보 담기

저녁 무렵에도 비는 그치지 않고, 파미나 아가씨도 돌아오지 않았어. 하긴, 이런 빗속에서 짐을 잔뜩 진 나귀를 끌고 언덕을 오르는 건 무리일 거야. 게다가 도중에 냇물도 건너야 하는데, 비가 와서 물이 불었을 테니 내일 오는 게 좋겠지. 나는 창고 바닥에 앉아 내가 했던 계산을 물끄러미 바라보다가 문득 이런 생각이 들었어. 그동안 여러 가지 숫자를 알고 계산법도 열심히 익혔는데, 그래서 내가 하는 일에 어떤 도움이 됐지? 양들한테 이름 대신 숫자 목걸이를 걸어 주고, 당근주스 갈고, 울타리 길이를 쓸데없이 정확하게 계산하다가 하루를 다 날리고……. 물론 타일 개수를 세면서 아가씨한테 칭찬

을 듣긴 했지만, 그건 원래 목동이 하는 일이 아니잖아. 게다가 상상 속에서 숫자를 헤아리며 몰려오는 양들을 돌려보내는 것도 매번 실패했고 말이야.

하지만 파미나 아가씨가 사과 개수를 순전히 계산만으로 알아냈을 땐 정말 큰 감명을 받았어. 지금 생각하면 별거 아니지만, 그날 이후로 내가 숫자의 매력에 흠뻑 빠진 건 분명한 사실이었다고. 아가씨가 나한테 처음으로 숫자를 가르쳐 주던 날, 모든 숫자에 비밀이 담겨 있다고 했는데 대체 어떤 비밀일까? 그걸 알고 나면 숫자의 도움을 더 많이 받을 수 있으려나?

 누군가의 비밀을 알고 싶을 땐 붙잡고 다그치는 것보다 친한 친구가 되는 게 더 좋은 방법이잖아? 그래서 나는 숫자에 담긴 비밀을 알기 위해 숫자를 친구처럼 대해야겠다고 생각했어. 친구랑 친해지는 가장 좋은 방법은 뭘까? 당연히 함께 노는 거지! 나는 당장 양들이 모여 있는 우리로 달려갔어.
 "애들아, 운동도 할 겸, 지금부터 나와 함께 놀아 볼래?"

전에 양들의 목에 나이순으로 숫자 목걸이를 걸어 줬잖아. 그 번호를 따라 두 줄로 세웠더니 왼쪽 줄에는 수놈(홀수), 오른쪽 줄에는 암놈(짝수)으로 나뉘더라고. 오호~ 그거 신기한데? 양들을 나이에 따라 세 집단으로 나누면 1~6번은 나이가 일곱 살 이상이고(노년), 7~16번은 나이가 네 살에서 여섯 살(중년), 그리고 17~32번은 세 살 이하인 어린 양들이야(유년). 그러니까 어떤 양이건 목에 걸린 숫자만 보면 성별과 나이를 알 수 있겠더라고. 예를 들어 5번은 노년의 수놈, 14번은 중년의 암놈, 29번은 유년의 수놈인 거지.

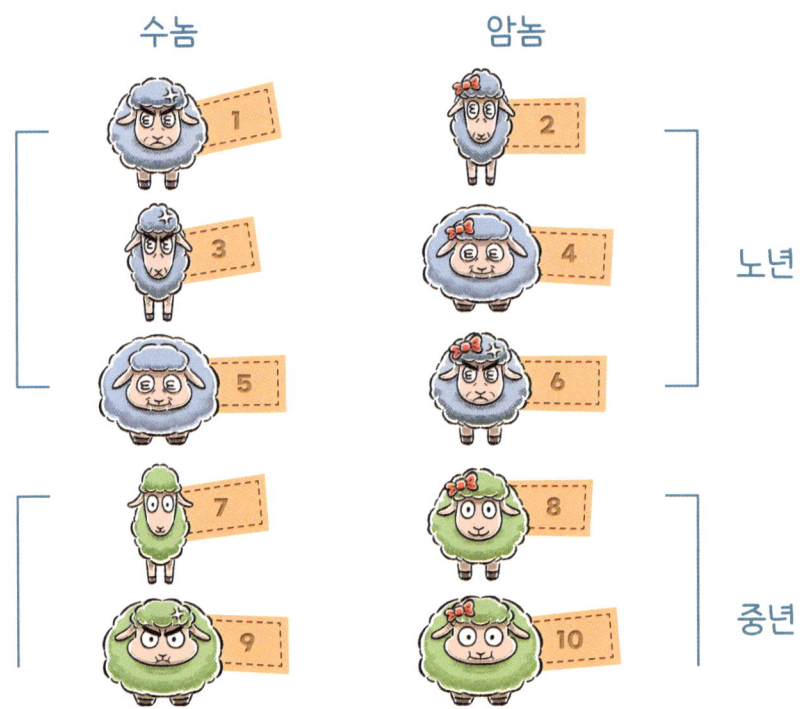

그렇다면 뚱뚱한 양과 보통인 양, 그리고 마른 양들도 숫자로 구별할 수 있지 않을까? 이번에는 종류가 3가지니까 양들을 세 줄로 세워 봤어. 단, 뚱뚱한 양은 제일 왼쪽 줄, 보통인 양은 가운데 줄, 마른 양은 오른쪽 줄에 서게 했지. 그리고 암수와 나이가 바뀌지 않도록 위치를 잘 조절해서 번호를 매겼더니, 암놈과 수놈들이 대각선을 따라 늘어서게 되더라고.

　이제 번호로부터 알 수 있는 정보가 하나 더 생겼어. 3으로 나눠서 1이 남으면 뚱뚱한 양이고(1, 4, 7 등), 2가 남으면 보통인 양이고(2, 5, 8 등), 나눠서 떨어지면 마른 양인 거지(3, 6, 9 등). 그러니까 22라는 숫자 하나만 주어지면 '유년의 암놈이면서 뚱뚱한 양'이라는 걸 알 수 있다는 뜻이잖아. 이거 재미있네! 내친김에 하나만 더 해 볼까?

　모든 동물이 그렇듯이, 양도 암놈보다 수놈이 사나워. 우리 농장에서 기르는 32마리 중에는 수놈 10마리와 암놈 1마리의 성격이 좀 사나운데, 이것도 잘하면 숫자로 표시할 수 있겠더라고. '1과 자기 자신 외에는 약수가 없는 수'를 소수라고 해. 마침 1~32 사이에는 소수가 딱 11개 있는데(2, 3, 5, 7, 11, 13, 17, 19, 23, 29, 31), 그중에서 2만 짝수고 나머지는 다 홀수더라고. 옳거니! 사나운 양들한테 소수가 할당되도록 순서를 조금 바꾸면 되겠네. 다음과 같이 말이야.

　실망스럽게도 소수는 뚜렷한 규칙이 없었어. 어쨌거나 소수는 사나운 양이고, 소수가 아니면 온순한 양인 거지. 이제 양의 번호만 알면 성별(수놈, 암놈)과 나이(노년, 중년, 유년), 체격(뚱뚱, 보통, 홀쭉), 그리고 성격(온순함, 사나움)까지, 무려 네 가지 정보를 알 수 있게 된 거야. 예를 들어 15번 양은 홀수니까 수놈이고, 7~16 사이에 있으니까 중년이고, 3으로 나눠서 떨어지니까 마른 양이고, 소수가 아니니까 온순한 양인 거지.

파미나 숫자 노트 11

수와 관련된 몇 가지 상식을 알아볼까요? 6은 1, 2, 3으로 나눠떨어지는데, 이럴 때 1, 2, 3을 6의 **'약수'**라고 합니다. 모든 숫자는 자기 자신으로 나눠도 떨어지기 때문에, 6의 약수를 1, 2, 3, 6으로 간주하는 경우도 있습니다. 그런데 6의 약수를 모두 더하면 1+2+3=6이 되어, 자기 자신과 같아지지요. 28도 약수를 모두 더하면 1+2+4+7+14=28로 자기 자신과 같습니다. 이런 수를 **'완전수'**라고 하는데, 496과 8128도 완전수입니다.

물론 대부분의 수는 완전수가 아닙니다. 예를 들어 220의 약수를 모두 더하면 1+2+4+5+10+11+20+22+44+55+110=284이므로 완전수가 아니고, 284의 약수를 모두 더하면 1+2+4+71+142=220이 되어 역시 완전수가 아니지요. 그런데 220의 약수를 모두 더하면 284가 되고 284의 약수를 모두 더하면 220이니까, 220과 284는 '아주 친한 수'라고 할 수 있겠네요. 이런 관계에 있는 한 쌍의 수를 **'친화수'**라고 합니다. 중세 시대 유럽의 젊은 연인들은 특별한 장소에 마술 주문을 걸어 놓고 그곳에 '220, 284'라고 적은 종이를 묻어 놓으면 사랑이 이루어진다고 믿었답니다.

'17296, 18416'과 '9363584, 9437056'도 친화수야.

파미나 숫자 노트 ⑫

'1과 자기 자신 외에는 어떤 수로 나눠도 정수로 떨어지지 않는 수'를 '소수素數'라고 합니다. 2, 3, 5, 7, 11 등이 여기에 속하지요. 그러니까 모든 소수는 약수가 달랑 두 개(1과 자기 자신)인 수입니다. 100보다 작은 수가 소수인지 아닌지는 다른 소수로 몇 번 나눠 보면 금방 알 수 있지만, 아주 큰 수가 소수인지 아닌지를 판단하려면 엄청나게 많은 나눗셈을 해야 합니다. 예를 들어 2,147,483,647이 소수인지 아닌지 확인하려면, 이 수를 자신보다 작은 소수들로 일일이 나눗셈을 해서 '나눠떨어지는 경우가 단 한 번도 없다'는 것을 증명해야 합니다. 그래서 소수는 군사 시설이나 인터넷 등에서 암호를 만들 때 아주 유용하게 쓰이고 있습니다.

지금까지 발견된 가장 큰 소수는 자릿수만 무려 2,300만 개나 됩니다. 비교하자면, 137의 자릿수는 3개입니다. 이 숫자를 A4 용지에 쓰려면 거의 1만 5천 장이 필요하지요. 그런데도 일부 수학자들은 더 큰 소수를 찾기 위해 지금도 날밤을 새우고 있답니다. 소수가 클수록 더욱 안전한 암호를 만들 수 있기 때문이지요.

모든 소수는 약수가 1과 자기 자신인 수! 기억해 두면 좋겠죠?

　우리 목장의 양이 32마리라고 했잖아? 여기에도 수학적인 이유가 있더라고. 파미나 아가씨가 빌려준 책을 읽다가 '피보나치수열'이라는 걸 알게 됐는데, 우리 양들이 바로 이 수열을 따라 번식하다 보니 자연스럽게 32마리가 된 거였어. 양들은 보통 새끼를 한 번에 한 마리씩 낳는다는 거 알고 있지? 우리 양들은 평생 새끼를 네 번 낳았는데, 두 번은 젊었을 때 낳고 나머지 두 번은 먼저 낳은 자식들이 커서 새끼를 낳을 때 같이 낳았어. 케어램 씨가 목장을 시작할 때 양은 암수 단 두 마리였대. 그러면 방금 말한 규칙에 따라 양의 수는 뒷장에 있는 그림과 같이 늘어났을 거야. 암수 한 쌍의 양이 평생 낳

는 새끼 네 마리는 순서에 따라 암놈, 수놈, 암놈, 수놈이라고 가정하자고.

　모두 6세대를 거쳐 왔는데, 1~3세대는 수명을 다해서 이미 죽었고, 4~6세대가 살아 있어서 6+10+16=32마리가 된 거야. 각 세대별로 양의 수를 나열하면 2, 2, 4, 6, 10, 16이고, '쌍의 수'로 세면 1, 1, 2, 3, 5, 8쌍이 되지. 그러면 다음 7세대에는 몇 마리가 태어날까? 지금 엄마 아빠 양들이 10마리를 낳고, 아기 양들이 커서 짝을 지으면 16마리를 낳을 테니까 모두 26마리, 즉 13쌍이 태어날 거야. 그다음 세대, 또 그다음 세대도 마찬가지여서 양의 수는 1, 1, 2, 3, 5, 8, 13, 21, 34, 55, 89, 144, 233, 377, 610, ……쌍으로 늘어나게 돼. 그런데 이 숫자 배열에는 명확한 규칙이 있어. 아무 수나 골라서 거기에 그다음 나오는 수를 더하면 '다음다음에 나오는 수'가 된다는 거야. 예를 들어 여섯 번째 수 8과 일곱 번째 수 13을 더하면 여덟 번째 수인 21이 되는 거지. 이와 같은 수의 배열을 '피보나치수열'이라고 해. 피보나치는 서기 1200년경에 이 수열을 처음 발견한 이탈리아 수학자의 이름이라고 하더라고.

　피보나치수열은 수학뿐만 아니라 자연에서도 쉽게 발견할 수 있어. 예를 들어 꽃잎의 수는 피보나치수열에 등장하는 수와 거의 일치하거든. 나팔꽃과 백합의 꽃잎은 1장, 아이리스는 3장, 채송화와 야생 장미는 5장, 모란과 코스모스는 8장, 금잔화는 13장, 치커리는 21장, 질경이와 데이지는 34장, 쑥부쟁이는 55장이거나 89장이야. 이런 걸 보면 이 세상 모든 것이 숫자로 이루어져 있다는 피타고라스의 주장이 맞는 것 같기도 하지?

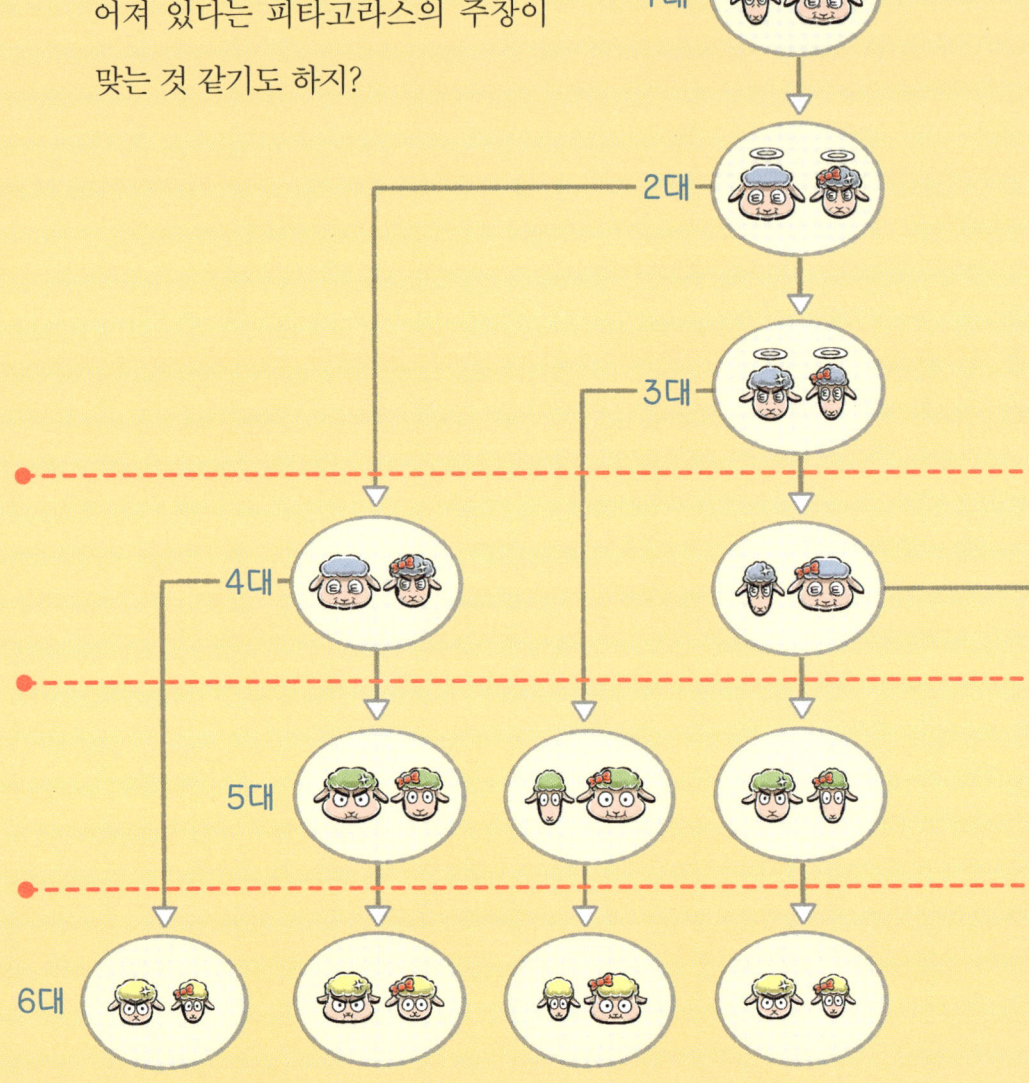

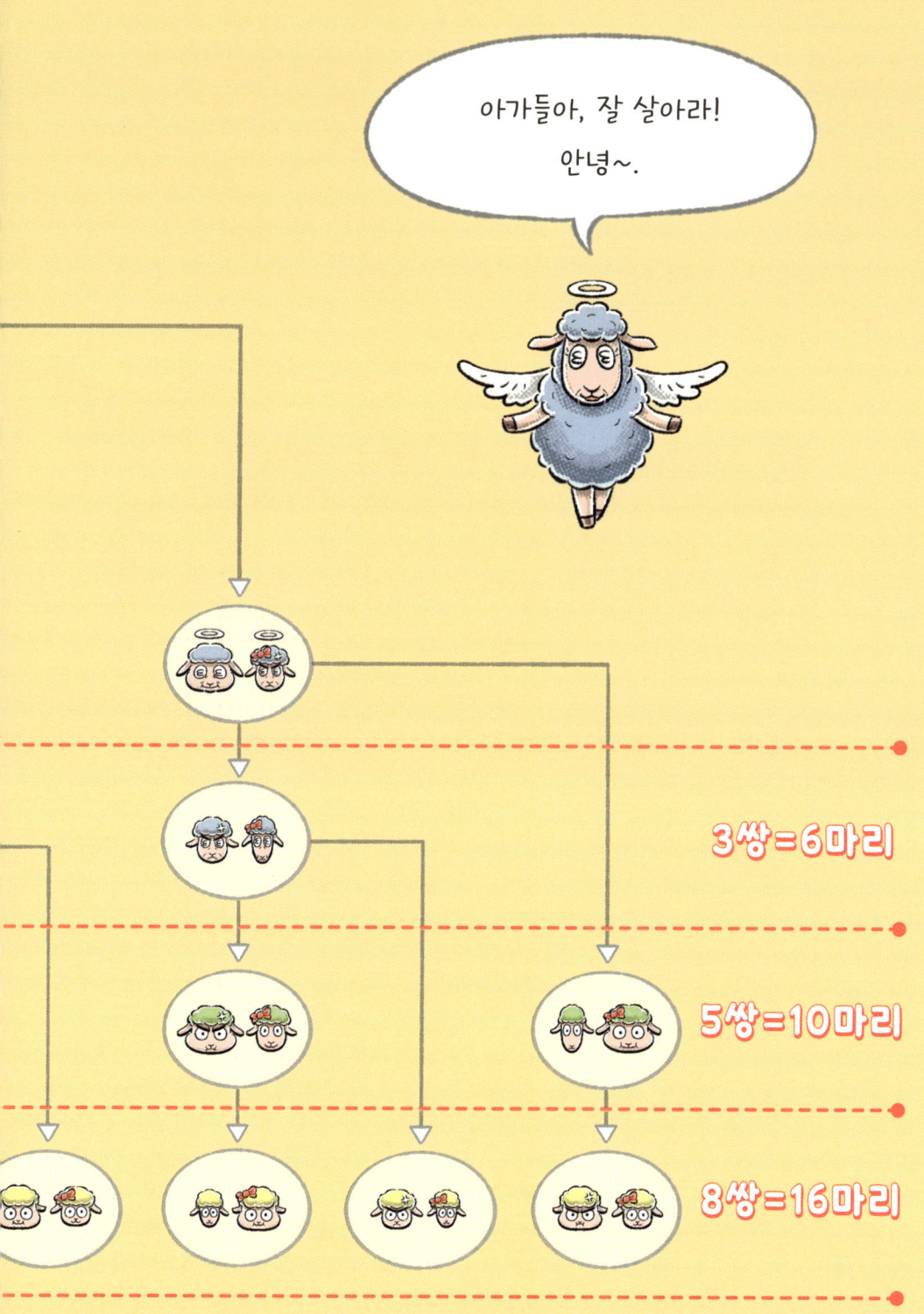

파미나 숫자 노트 ⑬

이왕 시작한 김에, 양들을 이용해서 달력을 만들어 볼까요? 예를 들어 지금이 5월 17일이고, 5월 1일이 수요일이었다면 이번 달 달력은 다음과 같을 겁니다.

5월

일	월	화	수	목	금	토
			1	2	3	4
5	6	7	8	9	10	11
12	13	14	15	16	17	18
19	20	21	22	23	24	25
26	27	28	29	30	31	

이번에도 암놈과 수놈들이 오른쪽 위에서 왼쪽 아래로 향하는 대각선을 따라 일렬로 서 있군요. 그리고 뚱뚱한 양과 보통인 양, 마른 양들도 대각선을 따라 늘어서 있네요. 이렇게 배열을 바꾸면 수의 다양한 특징들이 드러나게 됩니다.

일주일은 7일이기 때문에, 7로 나눴을 때 나머지가 같은 날은 요일이 같습니다. 그래서 달력은 '7로 나눴을 때 나머지가 같은 수'들이 같은 세로줄에 놓여 있지요. 예를 들면 7로 나눴을 때 나머지가 1인 숫자들인 1, 8, 15, 22, 29일처럼 말이죠. 이 날짜들은 전부 수요일에 속해 있는데, 달이 바뀌면 다른 요일로 옮겨 가지만 절대로 헤어지지 않습니다. 즉, 1, 8, 15, 22, 29일은 몇 년, 몇 월이건 간에 항상 같은 요일에 속해 있지요. 이런 집합을 어려운 말로 '**잉여류**'라고 합니다. 쉽게 풀어 쓰면 '**어떤 수로 나눴을 때 나머지가 같은 수들의 집합**'이라는 뜻이지요. 그리고 1년은 365일이니까, 1년짜리 달력을 '월月을 구별하지 않고 1일부터 365일까지 쭉 풀어 쓰면' 현충일(6월 6일, 157번째 날)과 광복절(8월 15일, 227번째 날), 개천절(10월 3일, 276번째 날)은 같은 잉여류에 속하기 때문에(157÷7=22와 나머지 3, 227÷7=32와 나머지 3, 276÷7=39와 나머지 3) 연도에 상관없이 항상 같은 요일이랍니다.

그러니까 새해에 달력이 새로 생기면 제일 먼저 현충일이 무슨 요일인지 확인해 보세요. 금요일이거나 월요일이면 그 해는 연휴 대박인 거지요! 그리고 한글날과 크리스마스도 같은 잉여류에 속해서 항상 요일이 같습니다. 윤년인 해에는 2월이 29일까지 있어서 하루씩 뒤로 밀리지만, 위에서 말한 공휴일들은 모두 3월 이후이기 때문에 영향을 받지 않습니다. 단, 구정과 부처님 오신 날, 그리고 추석은 날짜를 음력으로 세기 때문에 해마다 위치가 달라져서 이 계산을 적용할 수 없습니다.

어서 가서 달력을 보고, 현충일이 무슨 요일인지 봐야겠어!

파미나 숫자 노트 14

사람들은 주로 어떤 물건이나 돈의 수를 세거나, 들어오고 나가는 양을 계산할 때 숫자를 사용합니다. 그런데 숫자의 각 자릿수에 어떤 의미를 부여하면 하나의 수 안에 다양한 정보를 집어넣을 수 있습니다. 뉴메릭도 1~32 사이에 있는 개개의 숫자에 무려 네 가지 정보를 담았지요.

사람의 이름도 숫자로 짓는다면 이름 안에 온갖 정보를 다 집어넣을 수 있을 겁니다. 예를 들어 홀수는 남자, 홀수면서 3의 배수면 성인 남자, 홀수에 3의 배수면서 동시에 9의 배수면 서울에 사는 성인 남자, 거기에 또 27의 배수면 서울에 살면서 김씨 성을 가진 성인 남자 등등. 하지만 서울에 사는 '김철수' 씨를 '19683번'이라고 부르면 왠지 좀 딱딱하게 들리겠지요? 어른들이 사용하는 주민 등록 번호에도 그 사람의 생년월일과 성별, 태어난 시(도)와 동(군) 등 많은 정보가 담겨 있답니다.

숫자는 정보를 담을 뿐만 아니라, 정보를 보호하기도 하니까 현대 정보 사회를 만들고 유지하는 일등 공신이야!

6
숫자별 이야기

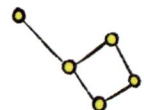

열심히 숫자를 갖고 놀다 보니 어느새 날이 저물었어. 그 사이에 비가 그치고 하늘에는 영롱한 별들이 하나둘씩 나타나기 시작했지. 울타리에 쓸 나무판자 몇 개를 들고 마당으로 나가 보니 언덕 아래에서 시냇물 흐르는 소리가 제법 크게 들려오더라고. 바로 그 순간, 불길한 생각이 뇌리를 스친 거야.

'가만, 비가 그쳤으니 파미나 아가씨가 오늘 중으로 돌아올 텐데, 혹시 시냇물 건너편에서 발이 묶인 건 아닐까?'

나는 들고 있던 판자를 내팽개치고 시냇물이 있는 쪽으로 있는 힘껏 달리기 시작했어. 징검다리가 있긴 있는데, 오늘 하루 종일 비가 왔으니 분명히 물에 잠겼을 거 아냐. 이런 멍청

한 녀석, 그 생각을 왜 이제야 떠올린 거야?

시냇가에 도달하니 아니나 다를까, 파미나 아가씨가 물에 반쯤 빠진 나귀를 끌어내느라 안간힘을 쓰고 있더라고. 나는 앞뒤 생각할 것도 없이 물속으로 뛰어들어 아가씨 손을 움켜잡고 말했어.

"아가씨, 여긴 위험해요. 고삐는 저한테 주고 빨리 건너가세요!"

물속에서 어렵게 나귀를 끌고 나와 보니 아가씨가 주저앉

은 채 울고 있었어. 예쁜 옷은 물에 젖어 엉망이 되었고 신발도 한 짝 잃어버렸는데, 그 와중에 무슨 보따리 하나를 가슴에 꼭 품고 있더라고. 나는 아가씨를 진정시키기 위해 가능한 한 침착하게 말했어.

"아가씨, 걱정 마세요. 물에 빠진 짐은 다 건졌어요. 신발은 제가 꼭 찾아 드릴게요."

나는 서둘러 불을 지피고 웃옷을 벗어서 아가씨에게 덮어 줬어. 눈물로 범벅이 된 아가씨의 얼굴을 보니 나도 울고 싶어지더라고. 어떻게든 아가씨를 위로해 주고 싶은데, 아무 생각도 떠오르지 않았어.

어느덧 날이 완전히 저물었어. 비가 온 다음이라서 그런지, 맑게 갠 여름 밤하늘에는 수많은 별들이 금방이라도 쏟아져 내릴 것처럼 반짝이고 있었지. 파미나 아가씨가 젖은 몸을 덜덜 떨면서 나를 바라보는데, 그 모습이 마치 길을 잃은 어린 양 같더라고. 그동안 아가씨의 도움만 받아 왔던 내가 드디어 아가씨의 보호자가 된 거야. 양을 돌보는 게 내 직업이잖아. 딱히 할 말이 없어서 우물쭈물하고 있는데, 갑자기 하늘에서 별똥별 하나가 우리 머리 위로 미끄러지듯이 지나갔어.

"뉴메릭, 방금 저거 봤니?"

아가씨가 한참 만에 말문을 열었어. 나는 아가씨를 위로하기 위해 평소에 생각해 뒀던 숫자별 이야기를 들려주었지. 별자리에 대해서는 옛날부터 좀 알고 있었거든.

"네, 자기 짝을 찾아가는 숫자별이에요."

"숫자별이라니? 그게 뭔데?"

"지금 하늘에 떠 있는 별들은 모두 자연수 별들이거든요. 각자 번호도 있어요. 목동자리의 아르크투루스가 1번이고, 백조자리의 데네브는 2번, 전갈자리의 안타레스는 3번……."

"호호, 그런데?"

"모든 별들은 반대쪽 하늘에 자기 짝을 갖고 있어요. 그 별들은 모두 음수 별들이지요. 1번 별의 짝은 -1번이고, 2번 별의 짝은 -2번처럼요. 그런데 그들은 절대로 만날 수 없어요."

"그렇겠네. 하늘 반대편에 있으니까."

"하지만 가끔은 저 별똥별처럼 규칙을 어기고 자기 짝을 만나러 가는 별이 있지요. 그래서 둘이 만나면 0이 되어 사라져 버리는 거예요."

"그럼 별똥별이 떨어질 때마다 하늘에 빈자리가 생기겠네?"

"아니요, 옆에 있던 별들이 자리를 한 칸씩 옮겨서 빈자리를 채워 주지요. 숫자별은 무한히 많아서 그래도 줄어들지 않는대요."

"정말 재미있는 얘기구나. 더 해 줄래?"

드디어 아가씨의 얼굴에 미소가 돌아왔어. 나는 신이 나서 숫자별 이야기를 계속 이어 나갔지.

"숫자별은 무한히 많지만, 사실 눈에 보이지 않는 숫자별이 훨씬 많대요. 저 별과 별 사이에 무수히 많은 별이 숨어 있는데, 그 애들이 바로 유리수 별일 거예요."

"그래? 그럼 반대쪽 하늘에는 '음의 유리수 별'도 있겠네?"

"당연하지요. 만날 수 없는 짝을 그리워하면서, 별똥별이 될 용기가 생길 때까지 기다리고 있는 거래요."

"너무 슬프다, 얘. 만날 수 없는 짝이라면 그게 무슨 소용이니?"

"자기 짝을 상상하는 것만으로도 행복할 거예요. 그건 제가 잘 알아요. 참, 저기 머리 위에 있는 북극성은 6번이에요. 6은 약수가 1, 2, 3인데 약수를 모두 더하면 자기 자신과 같아지거든요. 그래서 스스로 완전하기 때문에 다른 별들처럼 돌지 않고 제자리에 가만히 있는 거예요."

아가씨는 가만히 생각에 잠겼다가 말을 꺼냈어.

"그렇다면 네 별이 몇 번인지 나도 알 것 같아. 저기 떠 있는 견우성은 220번이고, 저게 네 별이야. 맞지?"

"네? 왜요?"

"그리고 내 별은 284번 직녀성일 거야. 틀림없어, 호호."

나는 아가씨가 하는 말을 이해하지 못했지만 그냥 고개를 끄덕이며 따라 웃었어.

"그런데 아가씨, 유리수 별이 아무리 많다 해도 저 넓은 공간을 다 채우지는 못하겠지요? 거기에는 무엇이 있을까요?"

"아마 무리수 별들이 있겠지. 하늘이 제아무리 넓어도 무리수 별들이 하나도 남김없이 가득 채우고 있을 거야."

"책에서 읽은 것 같아요. 아무런 규칙도 없이 소수점 아래로 영원히 끝나지 않는 수를 무리수라고 한다죠?"

"너 정말 열심히 공부했구나. 이젠 나보다 많이 아는 것 같아."

"아니에요. 그럴 리도 없고, 그러고 싶은 마음도 없어요. 아기씨한테 배우는 게 저한테는 커다란 낙인걸요. 그런데 책을 보니까 무리수가 끝이 아니라고 하던데……."

"맞아. '허수'라는 상상의 수가 있단다. 우리 마음속에는 우주만큼 넓은 세상이 있고, 그곳을 상상의 수가 가득 채우고 있겠지. 무수히 많은 비밀을 간직한 채 말이야."

"숫자가 우리 마음을 가득 채우고 있다면, 아름다운 것과 사랑스러운 것도 숫자에 담을 수 있지 않을까요? 왕눈이, 단

족이를 27번, 28번이라고 부른다고 해서 내가 그 아이들을 아끼지 않는다는 뜻은 아니거든요. 사람들이 숫자를 무미건조하게 느끼는 건 숫자의 잘못이 아니라, 우리가 숫자를 무미건조한 곳에만 사용해 왔기 때문은 아닐까요?"

나는 잠시 눈을 감고 사랑으로 가득 찬 숫자별 우주를 마음속에 그려 보았어. 그곳은 머리 위의 밤하늘보다 훨씬 밝게 빛나고 있었지.

그때 갑자기 내 어깨에 가냘픈 무언가가 살며시 내려앉는 느낌이 들었어. 고개를 돌려 보니 피곤에 지친 파미나 아가씨가 내 어깨에 얼굴을 기댄 채 잠이 들었더라고. 나는 너무 놀라서 가슴이 터질 것 같았어. 아가씨와 단둘이 오붓하게 있고 싶었던 나의 소원이 드디어 이루어진 거야. 잠든 아가씨가 깰까 봐 숨소리까지 죽여 가며 조심스럽게 하늘을 올려다봤더니, 그 많은 별이 일제히 가던 길을 멈추고 우리를 내려다보며 부러워하는 것 같았어.

"아가씨, 제 마음속 숫자 세상은 바로 아가씨가 만들어 준 거예요. 아가씨가 그곳의 주인이라고요. 마음속에 있는 상상의 수는 어떤 건가요? 그것도 더하거나 곱할 수 있을까요? 아가씨의 마음도 그 안에 담겨 있나요? 수의 비밀을 풀면 아가씨 마음의 한 조각이나마 엿볼 수 있게 될까요?"

나는 파미나 아가씨의 등에서 흘러내린 내 웃옷을 덮어 주다가 아가씨가 아까부터 품에 안고 있던 보따리에 눈이 멎었어. 그 안에는 새 노트와 연필 한 다스, 그리고 표지에 《아리스메티카》라고 적힌 책 한 권이 들어 있었지. 궁금증이 발동해서 살짝 표지를 열어 봤더니 그 안에 아가씨의 필체로 이렇게 적혀 있었어.

수를 사랑하는 뉴메릭에게.
숫자의 세계는 너무 넓고 깊어서
도중에 길을 잃기 쉽단다.
그럴 때마다 이 책이 너의 길을
안내해 줄 거야.
네 마음속 숫자 세상에
내가 들어갈 자리가 남아 있을까?
  - 파미나

파미나 숫자 노트 15

드디어 수의 마지막 단계에 도달했습니다. 수 중에서 집합의 규모가 가장 큰 수를 '**복소수**'라고 합니다. 앞에서 말한 실수의 집합에다 '**허수**'라는 **상상 속의 수**의 집합을 합쳐 놓은 것이지요.

여러분은 양수×양수=양수, 양수×음수=음수, 음수×양수=음수, 음수×음수=양수라는 거, 알고 있나요? 그래서 양수건 음수건 간에 실수를 자기 자신끼리 곱하면, 즉 제곱하면 항상 양수가 됩니다.

그런데 놀랍게도 수의 세계에는 자기 자신끼리 곱했을 때 음수가 되는 수가 있는데, 이 이상한 수가 바로 허수입니다. 실수의 기본 단위가 1이듯이, 허수의 기본 단위는 i라고 씁니다. 허수를 영어로 'imaginary number(상상 속의 수)'라고 하는데, 그 첫 글자를 따온 거지요. 간단히 말해서 $i×i=i^2=-1$입니다. 어떻게 그럴 수 있냐고 따질 필요는 없습니다. 허수는 수학자들이 상상력을 발휘해서 만들어 낸 가상의 수일 뿐이니까요. 그런데 희한하게도 현대 물리학에서는 이 도깨비 같은 수가 엄청나게 중요한 역할을 하고 있답니다. 이 우주는 참 알다가도 모를 요지경 속인 거지요.

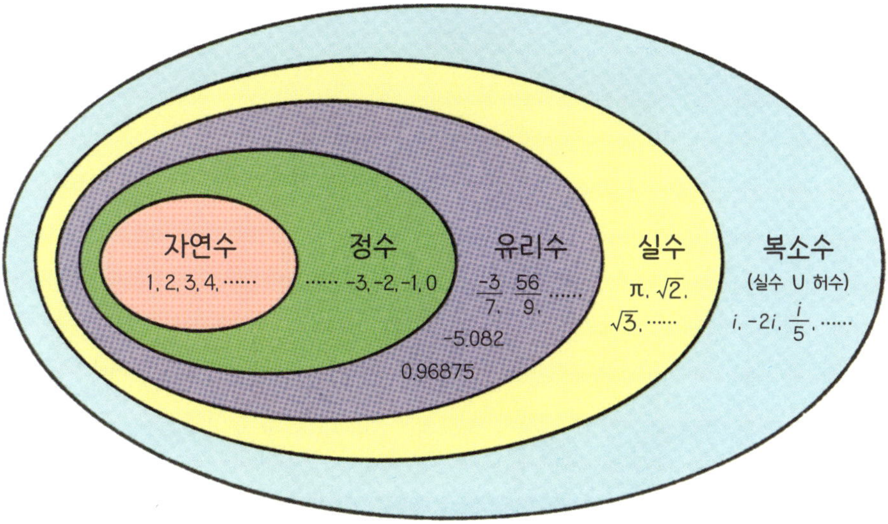

실수의 집합 ∪ 허수의 집합 = 복소수의 집합

부록
재미있는 문제

이 책의 주제인 '수'와 '연산'의 특성을 현실에 적용한 문제 몇 개를 골라 보았습니다. 문제를 읽고 스스로 풀어 본 다음, 해답과 비교해 보세요.

누구의 월급이 더 많을까?

삼식이와 삼순이는 어릴 때부터 친하게 지내면서 대학까지 같이 다녔습니다. 학교를 졸업한 뒤 삼식이는 게임 회사에 취직했고, 비슷한 시기에 삼순이는 금융 회사에 취직했지요. 둘은 전화 통화를 하면서 서로 취직을 축하해 주었는데, 마침 두 사람은 회사에서 받는 월급도 똑같았습니다.

그로부터 두 달 후, 게임 회사는 실적이 좋아져서 모든 직원의 월급을 20% 올려 주었는데, 금융 회사는 사정이 어렵다며 모든 직원의 월급을 30%나 깎았습니다. 삼식이는 신이 났고, 삼순이는 크게 실망했지요. 그런데 다시 두 달이 지난 오늘, 게임 회사는 사정이 어려워졌다며 현재 월급의 30%를 깎았고, 금융 회사는 어려운 고비를 잘 넘겼다며 현재 월급의 20%를 올려 주었습니다.

그렇다면 삼식이와 삼순이 중 누구의 월급이 더 많을까요?

답: 이 문제를 숫자에 대한 '감으로' 풀면 틀리기 쉽습니다. 일단, 처음 취직했을 때 두 사람이 받았던 월급을 S라고 합시다. 처음에는 삼식이와 삼순이의 월급이 같았습니다. 두 달 후 삼식이의 월급은 20%가 올랐으니 $S \times \frac{120}{100}$이 되었고, 삼순이의 월급은 30%가 깎였으니 $S \times \frac{70}{100}$이 되었습니다. 그리고 다시 두 달이 지난 오늘, 삼식이는 현재 월급의 30%가 깎였으니 $\left(S \times \frac{120}{100}\right) \times \frac{70}{100}$이 되었고, 삼순이는 현재 월급의 20%가 올랐으니 $\left(S \times \frac{70}{100}\right) \times \frac{120}{100}$이 되었지요. 그런데 모든 수는 곱셈의 교환법칙을 만족하기 때문에, 곱하는 순서를 바꿔도 답이 달라지지 않습니다.

$$\text{삼식이의 월급} = S \times \frac{120}{100} \times \frac{70}{100}$$

$$\text{삼순이의 월급} = S \times \frac{120}{100} \times \frac{70}{100}$$

보다시피 두 사람의 월급은 단돈 1원의 차이도 없이 똑같습니다. 그러니까 둘의 월급이 같은 이유는 모든 수가 곱셈의 교환법칙을 만족하기 때문이지요.

디오판토스의 나이

수학자 디오판토스의 묘비에는 다음과 같은 글이 적혀 있습니다. "이 비석 아래에 디오판토스의 영혼이 잠들어 있다. 신의 축복을 받아 태어난 그는 인생의 처음 $\frac{1}{6}$을 소년으로 보냈고, 그 후 인생의 $\frac{1}{12}$이 지났을 때 턱수염이 자라기 시작했다. 거기서 다시 인생의 $\frac{1}{7}$이 지난 후에 아름다운 여인과 결혼하여 5년 후에 귀한 아들을 얻었다. 아! 그러나 그의 가엾은 아들은 아버지의 반밖에 살지 못하고 젊은 나이에 세상을 떠났다. 아들을 먼저 보내고 깊은 슬픔에 빠진 그는 그 후로 4년 동안 정수론에 몰입하여 스스로를 달래다가 일생을 마쳤다."

자, 그렇다면 디오판토스는 몇 살까지 살았을까요?

(사실 디오판토스의 묘비는 존재하지 않습니다. 묘비는커녕, 그가 언제 태어나서 언제 죽었는지도 확실치 않습니다. 이 문제는 기원전 4세기경에 살았던 메트로도로스라는 수학자가 디오판토스의 수학을 소개하는 책을 쓰면서 재미 삼아 살짝 끼워 넣은 것입니다.)

답: 디오판토스의 나이를 x라고 하고, 묘비 글에 따르면 그는

1) 생의 처음 $\frac{1}{6}$, 즉 $\frac{x}{6}$ 동안 소년으로 살았고
2) 그 후 생의 $\frac{1}{12}$, 즉 $\frac{x}{12}$가 지난 뒤 턱수염이 자라기 시작했고
3) 그로부터 생의 $\frac{1}{7}$, 즉 $\frac{x}{7}$가 지난 후에 결혼하여
4) 결혼 후 5년 만에 아들을 낳았는데
5) 그 아들은 아버지의 절반인 $\frac{x}{2}$밖에 못 살고 세상을 떠났으며
6) 그 후 슬픔 속에서 4년을 더 살다가 세상을 떠났습니다.

위에서 말한 기간을 모두 더하면 디오판토스 나이가 됩니다. 즉, $\frac{x}{6} + \frac{x}{12} + \frac{x}{7} + 5 + \frac{x}{2} + 4 = x$라는 뜻이지요. 이것은 x를 미지수로 하는 간단한 1차방정식인데, x를 등호의 왼쪽으로 모으고 숫자를 오른쪽으로 모아서 간단하게 정리하면……

$$x - \frac{x}{6} - \frac{x}{12} - \frac{x}{7} - \frac{x}{2} = 9,$$

또는 $\frac{(84 - 14 - 7 - 12 - 42)}{84} \times x = 9$

가 되고, 분수를 간단하게 정리하면

$\frac{9}{84} \times x = 9$, 또는 $\frac{x}{84} = 1$이 됩니다.

그러므로 $x = 84$, 즉 디오판토스가 세상을 떠날 때 나이는 84살이었습니다.

위조지폐 사건

이번에는 약간의 경제관념이 필요한 문제입니다.

어느 날, 편의점에 한 손님이 들어와서 3천 원짜리 음료수를 사고 만 원짜리 지폐를 냈습니다. 점원은 7천 원을 거슬러 줘야 하는데, 마침 가게에 천 원짜리 지폐가 한 장도 없었지요. 그래서 점원은 손님이 준 만 원짜리 지폐를 들고 길 건너편에 있는 약국으로 달려가서 천 원짜리 지폐 10장으로 바꿔 왔습니다. 그리고 기다리는 손님에게 7천 원을 거슬러 주고, 남은 3천 원은 금전 등록기에 넣었지요. 손님은 거스름돈과 음료수를 갖고 아무 말 없이 사라졌습니다.

그런데 얼마 후 약국 아저씨가 편의점으로 헐레벌떡 달려와 큰 소리로 따졌습니다. "아까 자네가 준 만 원짜리 지폐 말이야, 그거 자세히 보니 위조지폐더라고!" 깜짝 놀란 점원은 경찰서에 신고했고, 출동한 경찰은 지폐를 유심히 보더니 위조지폐가 맞다고 했습니다. 그래서 점원은 하는 수 없이 금전 등록기에서 진짜 돈, 만 원을 꺼내 약국 아저씨에게 주었습니다.

자, 그렇다면 점원이 손해 본 액수는 물건과 돈을 합해서 총 얼마일까요?

답: 이 문제를 풀려면 양수와 음수의 개념을 확실하게 알아야 합니다. 들어온 돈을 양수(+)로 쓰고 나간 돈을 음수(-)로 쓰면, 손님과 약국 아저씨, 그리고 편의점 점원의 입장에서 각자 들어오고 나간 돈의 합은 다음과 같습니다.

손님: 아무것도 없이 가짜 돈만 갖고 편의점에 들어와서 3천 원짜리 음료수(+3천 원)와 거스름돈 7천 원을 챙겼으니(+7천 원), 들어온 돈의 총합은 3천 원 + 7천 원 = +1만 원입니다.

약국 아저씨: 위조지폐를 받고 진짜 돈 1만 원을 내줬으니 처음에는 1만 원이 나갔지요(-1만 원). 그런데 잠시 후 점원에게 항의하여 진짜 돈 1만 원을 돌려받았으니까(+1만 원), 들어오고 나간 돈의 총합은 -1만 원 + 1만 원 = 0원입니다.

편의점 점원: 손님에게 받은 진짜 돈은 하나도 없이 3천 원짜리 음료수를 내줬습니다(-3천 원). 그리고 약국에서 위조지폐를 진짜 돈 1만 원으로 바꿔 와서(+1만 원) 손님에게 거스름돈으로 7천 원을 내주었고(-7천 원), 잠시 후 찾아온 약국 아저씨에게 또다시 1만 원을 물어 주었지요(-1만 원). 따라서 점원에게 들어오고 나간 돈의 총합은 -3천 원 + 1만 원 - 7천 원 -1만 원 = -1만 원입니다.

즉, 점원은 위조지폐범 때문에 물건과 돈을 합해서 총 1만 원을 손해 보았습니다.

답이 언뜻 이해가 가지 않는다면 이렇게 생각해 보세요. 손님과 약국 아저씨, 그리고 점원은 자기들 세 사람을 제외한 나머지 세상 사람들에게 아무런 손해도 주지 않았고, 아무런 이득도 취하지 않았지요? 그러니까 이들 세 사람 사이에 오간 손해와 이득을 모두 합하면 0이 되어야 합니다. 그런데 손님은 총 1만 원을 챙겼고(+1만 원) 약국 아저씨는 나간 돈도, 들어온 돈도 없으니까(0원) 편의점 점원이 손해 본 액수는 당연히 1만 원(-1만 원)이 되어야 합니다. 이 문제가 헷갈리는 이유는 음료수를 돈으로 취급하지 않거나, 점원의 수중에서 나간 돈만 생각하기 때문입니다.

윤년 계산법

이 문제는 나눗셈의 답이 정수로 떨어지지 않아서 고민하다가 당근을 맷돌로 갈던 뉴메릭을 떠올리게 하는 문제입니다.

지구는 혼자 팽이처럼 도는 자전도 하고, 거대한 타원을 그리며 태양 주변을 도는 공전도 합니다. 지구가 한 번 자전하는 데에는 24시간이 걸리고, 이 값을 지구의 '자전 주기'라고 합니다. 한 번 공전하는 데에는 365일하고 5시간 48분 46초가 걸리고, 이 값을 지구의 '공전 주기'라고 합니다. 그런데 우리는 1년을 365일로 간주한 달력을 쓰기 때문에, 무시했던 5시간 48분 46초의 자투리 시간이 해가 갈수록 쌓이다가, 결국 달력과 실제 지구의 위치 사이에 하루 이상 차이가 나게 됩니다. 그래서 천문학자들은 4년에 한 번씩 1년을 366일(2월에 하루 추가!)로 수정하여 이 오차를 없애고 있습니다. 이런 해를 윤년이라고 하지요. 그런데 이 방법으로 문제가 해결될 수 있을까요?

답: 결론부터 말하면, 턱도 없습니다. 지구의 공전 주기에서 365일을 초과한 자투리 시간은 5시간 48분 46초인데, 이 값은 하루의 $\frac{1}{4}$과 '거의' 같을 뿐, 완전히 같지 않기 때문입니다.

하루는 1일 = 24시간이므로, 공전 주기인 365일 5시간 48분 46초를 24시간으로 나누면 $365 + \frac{5시간\ 48분\ 46초}{24시간}$가 됩니다. 보다시피 분자가 애매한 숫자라서 간단한 분수로 표현되지 않습니다. 공전 주기가 365일하고 정확하게 6시간이었다면, 6시간은 $\frac{1}{4}$일이므로 분수로 썼을 때 365일 + $\frac{1}{4}$일 = 1년 + 6시간이 되었을 겁니다. 그러면 달력과 지구의 실제 위치가 매년 6시간만큼 차이가 나니까, 4년이 지나면 6시간짜리 오차가 4번 쌓여서 6 × 4 = 24시간만큼 차이가 나게 되지요. 그러면 4년에 한 번씩 윤년을 도입하여 달력과 실제 지구의 차이를 깔끔하게 없앨 수 있었을 것입니다.

하지만 애석하게도 공전 주기는 365일 5시간 48분 46초라는 애매한 값입니다. 그래서 무작정 4년에 한 번씩 하루를 추가하다 보면 자투리의 자투리가 쌓이다가 100년쯤 지나면 이 값이 또 하루와 비슷해집니다. 4년에 한 번씩 하루를 더해 주는 것까지는 좋았는데, 매번 '조금 많이' 더해 주는 바람에 100년이 지나면 이 오차가 거의 하루에 가까워지는 것이지요. 그래서 100

년에 한 번은 윤년이 오더라도 그냥 눈 딱 감고 윤년이 아닌 해로 간주합니다.

이것으로 해결되었을까요? 물론 아닙니다. 100년마다 생기는 오차는 거의 하루에 가까울 뿐, 정확한 하루가 아니고 하루보다 조금 짧기 때문입니다. 그래서 '100년에 한 번은 윤년이 와도 윤년으로 취급하지 않는다'는 규칙을 400년에 한 번꼴로 무시하고 윤년으로 취급하기로 했답니다.
정리하면 다음과 같습니다.

1) 연도가 4로 나눠서 떨어지면 윤년이다.
2) 그런데 그 연도가 100으로 나눠서 떨어지면 윤년이 아니다.
3) 그런데 그 연도가 400으로 나눠서 떨어지면 윤년이다.

이제 해결되었을까요? 물론 아니죠. 400년에 한 번꼴로 '너무 많이 더해 준 것을 대충 빼면서' 오랜 세월이 흐르다 보면, 자투리의 자투리의 자투리가 또다시 쌓여서 언젠가는 하루보다 커질 것입니다.
하지만 400년보다 훨씬 긴 주기로 달력을 수정하는 규칙을 만

들어 봐야 까마득한 후손들이 그 규칙을 따른다는 보장도 없고, 우리의 똑똑한 후손들이 더 좋은 방법을 개발할 것이 거의 확실하기 때문에, 지금 당장은 눈 가리고 아웅 식으로 위와 같은 윤년 규칙을 따르고 있습니다.

작가의 말

 '수학'이라는 단어를 사전에서 찾아보면 '수와 크기, 그리고 공간과 형태의 특성을 연구하는 학문'이라고 되어 있습니다. 이 책에서 다룬 숫자뿐만 아니라, 공간을 차지하는 도형도 수학의 연구 대상이라는 뜻입니다. 그래서 수학은 크게 '숫자를 다루는 대수학'과 '도형을 다루는 기하학'으로 나뉘는데, 이 책에 등장하는 내용은 대부분 대수학에 속합니다.

 수학은 다른 학문이 감히 흉내조차 낼 수 없는 막강한 특징을 갖고 있습니다. '무엇이건 수학적으로 옳다고 한번 증명되기만 하면, 아무리 긴 세월이 흘러도 절대로, 절대로, 번복

되지 않는다'는 특징이 바로 그것이지요. 2500년 전에 증명된 피타고라스의 정리는 지금도 여전히 진리이고, 앞으로 수천 년, 수천만 년이 지나도 여전히 진리로 남을 것입니다. 하늘을 속이 빈 동그란 공이라고 했다가, 속이 빈 공이 여러 개 겹쳐 있다고 했다가, 무한히 펼쳐진 평평한 공간이라고 했다가, 질량 때문에 휘어진 공간이라고 번복하는 등, 수도 없이 바뀌어 온 천체 물리학과는 완전히 딴판이지요. '한번 진리는 영원한 진리'라는 말이 통하는 분야는 오직 수학밖에 없답니다.

많은 사람은 숫자를 '사물의 개수를 헤아리는 도구' 정도로 생각하는 경향이 있습니다. 일상생활 속에서 사용하는 수가 대부분 자연수이기 때문입니다. 그러나 수에는 여러 종류가 있고, 이들을 한곳에 모아 놓으면 하나의 완벽한 세계가 됩니다. 더 추가할 것도 없고, 하나라도 빠지면 전체가 무너져 버리는 이상적인 세계가 되는 것이지요. 사람이 세상에 등장하기 전에도 $3+9=12$였고, $7 \times 8 = 56$이었습니다. 그 후에 사람들이 한 일이란, 이미 존재했던 숫자에 표기법과 이름을 붙인 것뿐입니다. 그래서 옛날 그리스의 철학자였던 피타고라스는 모든 세상이 수로 이루어져 있다고 굳게 믿었습니다.

컴퓨터나 스마트폰 등 모든 전자 기기는 키보드와 마우스로 입력된 내용을 숫자로 저장했다가, 사람이 필요로 할 때만 그 내용을 문자나 그림으로 변환해서 보여 줍니다. 요즘은 원하기만 하면 온갖 정보를 컴퓨터에 저장할 수 있으니까, 모든 세상이 수로 이루어져 있다는 피타고라스의 생각이 맞을지도 모르겠습니다. 게다가 자연과 우주를 탐구하는 물리학자들은 오로지 수학만을 이용하여 온갖 이론을 만들어 내고 있습니다. 왜 그런지는 확실치 않지만, 자연은 숫자하고 지나칠 정도로 친하답니다. 우주를 지배하는 법칙들도 따지고 보면 모두 숫자로 되어 있습니다. 그래서 영국의 물리학자 제임스 진스는 이렇게 말했습니다. "만일 이 세상을 창조한 조물주가 있다면 그는 분명히 수학자였을 것이다."

숫자는 단 한 번도 법칙을 어긴 적이 없습니다. 숫자의 세계는 너무나 완벽하여 융통성이라곤 찾아볼 수 없지만, 자연은 원래 그런 것입니다. 우주는 지구가 태어나기 한참 전인 136억 년 전부터 한 치의 오차도 없이 명확한 법칙에 따라 운영되어 왔고, 앞으로도 그럴 것입니다. 따라서 우리가 숫자를 '딱딱하다'거나 '삭막하다'고 생각한다면 숫자들은 참으로 억울해할 겁니다. 바로 그들이 우주 만물을 질서 정연하게 유지시켜 온 일등 공신이니까요. 여러분이 이 책을 읽고 숫자와 조금 더 친해진다면 자연을 바라보는 눈도 그만큼 맑아지지 않을까요? 이 책의 주인공인 뉴메릭처럼 말이지요.

이 책의 전체적인 얼개를 짜는 데에는 프랑스의 작가 알퐁스 도데의 단편 소설 《별》의 도움을 많이 받았습니다. 물론 원작은 숫자와 아무런 상관이 없지만, 프로방스 지방의 목장을 배경으로 목동과 스테파네트 아가씨의 이야기가 너무나 아름답게 표현되어 있답니다. 아직 읽지 않았다면 꼭 한번 읽어 보세요!

박병철

숫자도 모르던 뉴메릭의
수학 정복기

초판 1쇄 발행 2023년 10월 25일

글 박병철 | **그림** 홍그림
펴낸곳 올리 | **펴낸이** 박숙정 | **자문** 박시형
기획편집 최현정 정선우 | **디자인** 전성연 | **외주 디자인** urbook
마케팅 양근모 권금숙 양봉호 이주형 | **온라인마케팅** 신하은 현나래 최혜빈
디지털콘텐츠 김명래 최은정 김혜정 | **해외기획** 우정민 배혜림 | **경영지원** 홍성택 김현우 강신우 | **제작** 이진영

출판등록 2006년 9월 25일 제406-2006-000210호
주소 서울시 마포구 월드컵북로 396 누리꿈스퀘어 비즈니스타워 18층
전화 02-6712-9800 | **팩스** 070-4850-8978
이메일 allnonly.book@gmail.com | **인스타그램** @allnonly.book

ⓒ 박병철, 홍그림 2023
ISBN 979-11-6534-831-1 73410

• 책값은 뒤표지에 있습니다.
• 인쇄 제작 및 유통상의 파본 도서는 구입하신 서점에서 바꿔드립니다.
• 저작권법에 의해 한국 내에서 보호를 받는 저작물이므로 무단전재와 복제를 금합니다.
• 올리 _ all&only는 쌤앤파커스의 어린이 브랜드입니다.

 품명 도서　**제조자명** 쌤앤파커스　**제조년월** 2023년 10월　**제조국** 대한민국
KC마크는 이 제품이 공통안전기준에 적합하였음을 의미합니다.